Frauke Rostalski

Die vulnerable Gesellschaft

Die neue Verletzlichkeit als
Herausforderung der Freiheit

C.H.Beck

1. bis 3. Auflage. 2024

4. Auflage. 2025

Wilhelmstraße 9, 80801 München, info@beck.de

www.chbeck.de
Umschlagkonzept: Hanna Kronberg, GROOTHUIS,
Gesellschaft der Ideen und Passionen mbH
Satz: C.H.Beck.Media.Solutions, Nördlingen
Druck und Bindung: Druckerei C.H.Beck, Nördlingen
Printed in Germany
ISBN 978 3 406 81461 7

verantwortungsbewusst produziert
www.chbeck.de/nachhaltig
produktsicherheit.beck.de

Inhalt

Einleitung

Die Rede von Vulnerabilitäten erlebt heute eine Konjunktur. In das Licht der Öffentlichkeit ist der Vulnerabilitätsbegriff spätestens in den Coronajahren getreten. Natürlich gab es ihn auch schon früher. Verwendet wurde er dann allerdings vornehmlich in akademischen Diskursen der Sozial- und Kulturwissenschaften, in der Medizin und Psychologie. Dies hat sich grundlegend verändert. Zum Modewort avancierte die Vulnerabilität während der Pandemie als Bezeichnung derjenigen, deren Gesundheit durch eine Infektion mit dem Coronavirus besonders gefährdet war. Dabei handelte es sich vornehmlich um Ältere und Vorerkrankte, wenngleich einige Stimmen zugleich auf die Vulnerabilität derer hinwiesen, die in besonderer Weise von den Coronaschutzmaßnahmen betroffen waren. Der Deutsche Ethikrat schrieb hierzu:

> Nicht nur ältere und behinderte Menschen, sondern auch junge Menschen, Familien und Kinder waren in verschiedenen Phasen und in unterschiedlicher Form verletzlich oder verletzbar. [...] [Verschiedene] Problemlagen haben verdeutlicht, dass gerade auch jüngere Menschen durch Schutzmaßnahmen in besonderer Weise eingeschränkt wurden und in der Folge in erheblichem Umfang von spezifischen psychosozialen Schwierigkeiten betroffen waren, obwohl sie im Vergleich zu älteren ein geringeres Risiko für die Entwicklung schwerer Krankheitssymptome und letaler Verläufe haben.[1]

Aus dem Kontext der Pandemie gelang dem Vulnerabilitätsbegriff allerdings schnell der Sprung in ganz andere gesellschaftliche Themenfelder. Mittlerweile werden Vulnerabilitäten in sehr unterschiedlichen Lebensbereichen und im Hinblick auf viele verschiedene Menschen und Personengruppen festgestellt. Als vulnerabel werden beispielsweise Sexarbeiterinnen[2] und Opfer sexualisierter Gewalt[3] bezeichnet, aber die Begrifflichkeit findet auch Anwendung auf Geflüchtete,[4] Transgender,[5] arme Länder,[6] Lebensphasen,[7] digitale Gesellschaften,[8] die kritische Infrastruktur[9] u. v. m. Es zeigt sich: Vulnerabilität hat als Begriff den Wortschatz breiter Bevölkerungsteile bereichert. Seine geradezu inflationäre Verwendung lässt die Annahme zu, dass er eine Lücke geschlossen hat – und so vielleicht ein präziseres Sprechen über die Verletzlichkeit bestimmter Personen oder Institutionen ermöglicht als zuvor. Dabei deutet die Häufigkeit, in der von Vulnerabilitäten in ganz verschiedenen Zusammenhängen die Rede ist, darauf hin, dass der Begriff einen Nerv getroffen hat. Er wird immer dann herangezogen, wenn ein *besonders wichtiges* Anliegen artikuliert werden soll. Dieser Zusammenhang leitet sich unmittelbar aus der Verwendung des Vulnerabilitätsbegriffs in der Corona-Pandemie ab. Weil es darin um den Schutz von Leib und Leben einzelner Menschen ging, war der Begriff von Anfang an mit einer starken Wertung aufgeladen. Es liegt nahe, dass dieser Bedeutungsgehalt über den Kontext der Pandemie hinausgetragen wurde. Wer gegenwärtig in einem anderen Bereich auf Vulnerabilitäten hinweist, verbindet damit in aller Regel wiederum eine sehr starke Wertung. Die Kennzeichnung von Menschen als vulnerable dient also dazu, deren Anliegen und Interessen als besonders bedeutsam zu markieren und die Gesellschaft hierauf aufmerksam zu machen.

Wenig überraschend findet sich der Vulnerabilitätsbegriff daher gerade in denjenigen gesellschaftlichen Debatten, die gegenwärtig besonders intensiv geführt werden. Zu denken ist nur an Fragen der sozialen Gerechtigkeit oder des Klimawandels. In beiden Kontexten findet sich der Vulnerabilitätsbegriff mit einer gewissen Konstanz und Häufigkeit. Er macht etwa darauf aufmerksam, dass Angehörige sozial marginalisierter Gruppen gegenüber Angriffen auf ihre Person besonders schutzlos sind. Ein Beispiel liefert der digitale Raum, in dem sich Beleidigungen dieser Personengruppen häufen und auf sie besonders einschüchternd wirken. Im Zusammenhang mit dem Klimawandel kennzeichnet der Begriff der Vulnerabilität die spezifische Ausgesetztheit des Menschen gegenüber der Natur und den klimatischen Veränderungen. Die für die Coronazeit so typische tiefgreifende Erfahrung eigener und kollektiver Vulnerabilität findet hier ihre Fortsetzung. Zumal die aktuellen weltpolitischen Entwicklungen kaum Zeit geben zum Durchatmen, Aufarbeiten oder Vergessen. Der seit Februar 2022 andauernde russische Angriffskrieg auf die Ukraine verdeutlicht seinerseits die besondere Verletzlichkeit des Menschen. Und auch schon vorher erschien das gesellschaftliche Leben manchen immer mehr als Stolpern von einer Krise in die nächste – ob diese nun das Währungssystem, den Immobilienmarkt oder den Umgang mit geflüchteten Menschen betraf. All diese Ereignisse sind geradezu prädestiniert dafür, die Verwundbarkeit des Einzelnen und der Gesellschaft in den Blickwinkel zu rücken. Es kann daher wenig verwundern, dass Vulnerabilitäten zunehmend auffallen und offen diskutiert werden. Was allerdings eher neu zu sein scheint, ist der Umfang, in dem Vulnerabilitäten *ernstgenommen* werden. Dass Vulnerabilität ein Grund dafür ist, gesellschaftlich mehr und mehr aktiv zu werden – hierin liegt ein Phänomen, dessen nähere Betrachtung mir lohnenswert erscheint.

Sei es zur Stärkung der Rechte sozial marginalisierter Gruppen oder zur positiven Beeinflussung der klimatischen Entwicklungen durch menschliche Verhaltensänderungen: Einsichten in individuelle wie kollektive Verwundbarkeiten zeitigen gegenwärtig mitunter besonders weitreichende Konsequenzen. Sie schaffen teilweise erst die Basis dafür, dass wichtige gesellschaftliche Schritte eingeleitet werden, um einer bestimmten Herausforderung entgegenzutreten. Nicht selten gehören zu diesen Schritten auch rechtliche. Für den Kampf gegen das Coronavirus, gegen soziale Ungerechtigkeiten und den Klimawandel bietet sich das Recht als ein wirksames gesellschaftliches Handlungsinstrument an. Überraschend ist dies nicht: Umso wichtiger die Ziele, die eine Gesellschaft verfolgt, desto wahrscheinlicher ist es, dass bei ihrer Umsetzung auch das Recht zum Einsatz kommt – weil das Recht nicht zuletzt aufgrund seiner Möglichkeit der zwangsweisen Durchsetzung eine besondere Effizienz der jeweiligen Maßnahme verspricht. Vulnerabilität ist damit auch ein rechtliches Thema. Umso wichtiger der Gesellschaft der Schutz Vulnerabler wird, desto näher liegt der Einsatz des Rechts. Aktuelle Debatten über Vulnerabilität lassen sich deshalb zugleich als ein Zeichen dafür deuten, dass eine Wertediskussion ansteht und ein Wertewandel im Gang ist – ein Wandel, der nicht zuletzt mit rechtlichen Mitteln vollzogen werden soll.

Damit tritt aber eine weitere Kategorie auf den Plan, die für das gesellschaftliche Miteinander von besonderer Bedeutung ist: die Freiheit. Weil Recht *zwingt,* muss es sich in einer freiheitlichen Ordnung rechtfertigen. Dient Recht dazu, vulnerable Personen zu schützen, gerät dieses Schutzziel in ein Spannungsverhältnis zur individuellen Freiheit. Das macht es so wichtig, die Konjunktur von Vulnerabilitäten näher zu betrachten. Je verletzlicher sich eine Gesellschaft bzw. ihre Mitglieder begreifen, desto wahrscheinlicher ist es, dass sie sich vor Risiken durch das Recht schützen wollen. Gesetze, Maßnahmen oder sonstige Rechtsakte bedeuten aber grundsätzlich eine Beschneidung individueller Freiheit. Es liegt daher eine besondere Herausforderung darin, beides miteinander in Einklang zu bringen: das Bedürfnis, Vulnerabilitäten zu schützen – und zwar möglicherweise umfänglicher als bislang –, und die verfassungsrechtlich garantierte Freiheit einzelner Bürger.

Dabei kann schon die These auf Kritik stoßen, staatliche Maßnahmen zum Schutz vulnerabler Personen oder Gruppen würden zu individuellen Freiheitsverlusten führen. Verbreitet ist demgegenüber nämlich die Annahme, dass es insbesondere im Bereich von Fragen sozialer Gerechtigkeit vornehmlich darum gehe, Freiheiten neu zu *verteilen.* Vereinfacht gesprochen ist damit gemeint, dass der staatlich erzwungene Freiheitsverlust des einen zu einem Freiheitszugewinn des anderen führt, und zwar in dem Sinne: den einen wird genommen, was den anderen gegeben wird. Auch wenn sich diese Vorstellung häufig lesen lässt, trifft sie nicht zu. Vielmehr möchte ich aufzeigen, dass immer dann, wenn der Staat mit seinen Mitteln dafür sorgt, Vulnerable zu schützen, Freiheit auf *allen Seiten* verloren geht – nicht bloß bei denjenigen, die zu den jeweils «Stärkeren» gehören. *Alle verlieren Freiheit, auch die Vulnerablen, sobald der Staat eingreift.* Auf die Debatten über neue Gesetze zum Schutz vulnerabler Personen – sei es im Kontext des Klimawandels, sozialer Gerechtigkeit oder des Umgangs mit Umweltrisiken – kann sich diese Einsicht erheblich auswirken. So drängt sich bisweilen der Eindruck auf, der Streit habe sich darum zu drehen, wer wem wieviel Freiheit «schulde» – wer wieviel seiner eigenen Freiheit abgeben muss, damit der andere mehr davon hat als bislang. Dieses Bild ist aber aus rechtlicher Perspektive schief und bedarf dringend der Korrektur. Davon verspreche ich mir nicht zuletzt einen klareren Blick auf die Sachprobleme, die gegenwärtigen und künftigen gesellschaftlichen Debatten zugrunde liegen. Geht es um die Freiheit, sollten wir richtigerweise nicht über «Verteilungskämpfe» zwischen den Bürgern bzw. unterschiedlichen gesellschaftlichen Gruppen sprechen und uns von Neid bzw. Besitzdenken leiten lassen. Wenn überhaupt, kommt es zu einer Verteilung zwischen Bürgern und Staat – denn hoheitliche Maßnahmen zum Schutz vulnerabler Menschen sorgen allein bei letzterem für einen uneingeschränkten Zugewinn an Handlungsmacht. Die Freiheit des einen fließt also gerade nicht in die Hände eines anderen Bürgers, sondern primär in die des Staates.

Dabei vertrete ich die These, dass Vulnerabilitäten bereits in einer Vielzahl von Gesetzen Einfluss auf die Rechtsentwicklung genommen haben – und zwar weit über die Grenzen der Pandemie oder Fragen der sozialen Diskriminierung hinaus. Besondere Verletzlichkeit hat ihre Spuren im Recht hinterlassen, nicht zuletzt im Strafrecht. Diese Veränderungen sind weitreichend und greifen tief in individuelle Freiheiten ein. Ein Anliegen dieses Buches ist es daher, auf eben jenen bereits im gegenwärtigen Recht anzutreffenden Zusammenhang aufmerksam zu machen und ihn dem Leser näher zu erläutern: Kommt es zum Schutz vulnerabler Personen durch staatliche Maßnahmen, gehen *allen* Mitgliedern der Gesellschaft Freiheitssphären verloren.

Mir geht es in erster Linie nicht darum, diese Entwicklung zu kritisieren. Nach meiner persönlichen Auffassung werden Vulnerabilitäten zu Recht in verschiedenen Lebensbereichen ernstgenommen – und ihr Schutz wird gesellschaftlich mitunter auch zu Recht gerade durch Gesetze vollzogen. Ein Beispiel liefert das Sexualstrafrecht: In den letzten Jahren hat sich vieles bewegt, was den Schutz der sexuellen Selbstbestimmung angeht. Grund dafür sind nicht zuletzt wichtige Einsichten darin, wie schwer Verletzungen der sexuellen Selbstbestimmung für die Opfer wiegen. Insofern treffe ich gerade nicht die Aussage, dass *jedes Nachgeben* gegenüber den Interessen vulnerabler Personen durch staatliche Maßnahmen negativ sei. Aus meiner Sicht wäre es falsch, einen allzu simplifizierenden Antagonismus zwischen Vulnerabilität und individueller Freiheit aufzubauen, der dann einseitig zugunsten der letzteren aufgelöst wird – mit dem Ergebnis, dass Vulnerabilitäten gar in Gänze für das Recht als irrelevant eingestuft würden. Weder der Komplexität des Themas noch der auch rechtlichen

Bedeutung von Vulnerabilitäten würde dies im Ansatz gerecht. In welcher Weise individuelle Freiheit und Vulnerabilitätsvorstellungen in einem Spannungsverhältnis stehen, und wie deren Spannung schlussendlich aufzulösen ist, kann nur von Fall zu Fall entschieden werden. Was für die Ausweitung des Sexualstrafrechts richtig ist, muss in anderen Bereichen nicht stimmen. Es ist nicht das Anliegen dieses Buches, definitive Antworten auf Detailfragen zu geben. Der Leser wird also am Ende wenig darüber erfahren, was nach meiner Auffassung mehr wiegt: die Selbstbestimmungsfreiheit der vulnerablen Schwangeren oder der Lebensschutz des ungeborenen Kindes, wenn es um die Frage des Schwangerschaftsabbruchs geht. Oder aber die Selbstbestimmungsfreiheit Suizidwilliger verglichen mit dem Lebensschutz, wenn wir uns der rechtlichen Regulierung der Suizidassistenz widmen. Ich beantworte diese aktuellen Rechtsfragen nicht abschließend. Ich ziehe ihre Analyse vielmehr dazu heran, um meine These zu stützen, dass Vulnerabilitäten in den letzten Jahrzehnten bereits spürbar auf die Entwicklung des Rechts Einfluss genommen haben.

Dieser Befund rührt letztlich an einer der Grundfragen eines freiheitlichen Rechtsstaats: Wie sehr beschneidet die Gesellschaft individuelle Freiheiten, um ihrem Sicherheitsbedürfnis Rechnung zu tragen? Denn im Kern versteckt sich hinter dem Verweis auf Vulnerabilitäten eben dies: der Wunsch nach mehr Sicherheit für bestimmte Menschen und deren Rechtspositionen. Daher lohnt es, diese so alte und zugleich grundlegende rechtliche Fragestellung anhand der Konjunktur von Vulnerabilitäten erneut und insoweit in einem anderen Licht zu betrachten. Denn *eines* hat sich durchaus verändert: Vulnerabilitäten spielen eine zunehmende und stetig wachsende Rolle, wenn es um die Veränderung der geltenden Gesetze geht. Es lässt sich gar sagen, dass Vulnerabilität mehr und mehr zum *Leitmotiv* von Gesetzesreformen wird.

Vollziehen sich also derzeit rechtliche Erneuerungen, stehen Vulnerabilitäten meist im Vordergrund. Der Verweis auf die besondere Verletzlichkeit bestimmter Personen oder Gruppen markiert die Bedeutsamkeit damit verbundener Rechtspositionen und sorgt dafür, dass es zu relevanten Verschiebungen in der gesellschaftlichen Sicherheitsarchitektur kommt. Infolge gewachsener Vulnerabilitätsannahmen werden Einzelne oder Gruppen stärker durch Gesetze geschützt – mit der Folge einer Ausdehnung staatlicher Hoheitsbefugnisse. Insofern folgt aus meiner Analyse die Diagnose, dass sich die Gesellschaft selbst immer mehr in eine *vulnerable* entwickelt. Dieser Prozess findet Ausdruck in einer Vielzahl an Gesetzesänderungen.

Dabei ist eine Gesellschaft innerhalb der verfassungsrechtlichen Grenzen prinzipiell frei darin, das Maß ihres auch rechtlich abgesicherten Sicherheitsbedürfnisses offen auszuhandeln und damit die Grenzen individueller Freiheit in die eine oder andere Richtung zu verschieben. Das heißt also, dass gerade auch besonders ausgeprägten Vulnerabilitätsvorstellungen prinzipiell durch Gesetze, die in einem demokratischen Verfahren zustande gekommen sind, Rechnung getragen werden darf. Die darin zum Ausdruck kommenden gesellschaftlichen Aushandlungsprozesse sind in ihrem Ergebnis unter Achtung des Verfassungsrechts grundsätzlich *frei*. Problematisch erscheint mir aber, dass sich die derzeitige Entwicklung einer zunehmenden Bedeutung von Vulnerabilitätsannahmen in der Rechtsfortbildung weniger offen vollzieht, als dies wünschenswert wäre. Denn wenn sich relevante rechtliche Grunddeterminanten einer Gesellschaft verschieben, indem Freiheitsspielräume neu vermessen werden, erscheint es ratsam, derartige Prozesse in vollem Bewusstsein zu vollziehen. Und dieses Bewusstsein sollte nicht bloß auf den vergleichsweise kleinen Kreis juristischer Experten begrenzt sein. Wieviel Freiheit in der Gesellschaft gewährt wird, ist Angelegenheit aller Bürger.

Gesetze sind Ergebnisse von Aushandlungsprozessen, in denen genau solche Fragen diskutiert werden sollten wie die, ob bzw. in welchem Umfang Vulnerabilitäten durch das Recht Rechnung zu tragen ist.

Kernanliegen dieses Buches ist es daher, zu eben jenen Aushandlungsprozessen beizutragen, die die Gesellschaft aktuell und künftig führt, wenn es um Veränderungen der geltenden Rechtslage geht. In einem ersten Schritt erläutere ich deshalb das Spannungsverhältnis, in dem Vulnerabilitätsvorstellungen und individuelle Freiheit stehen. Im Anschluss daran geht es mir darum, anhand verschiedener Rechtsentwicklungen der jüngeren Zeit zu verdeutlichen, wie sehr veränderte Vulnerabilitätsvorstellungen bereits Einfluss auf die Gesetzeslage genommen haben. Es zeigt sich, dass Vulnerabilität deutlich ernster genommen wird als noch vor einigen Jahrzehnten. Darüber hinaus werden Vulnerabilitäten in neuen Lebensbereichen ausgemacht, für die sodann ein rechtlicher Handlungsbedarf angemeldet wird. Dies hat zu einer spürbaren Reduzierung von individueller Freiheit geführt.

Dabei möchte ich bereits einleitend dem möglichen Einwand begegnen, der Hinweis auf den Verlust an individueller Freiheit infolge verstärkter Vulnerabilitätsvorstellungen diene mir lediglich dazu, die berechtigten Belange sozial marginalisierter und deshalb zugleich vulnerabler Menschen zu unterminieren. Eine solche Kritik spielt sich auf einer Ebene ab, die jedenfalls nicht primär Gegenstand dieses Buches ist. Mir geht es hier nicht darum, zu *bewerten,* ob die eine oder andere Rechtsentwicklung der Sache nach gerechtfertigt ist oder nicht – zumal die Blickverengung auf Fragen der sozialen Gleichstellung marginalisierter Gruppen das ganze Konfliktfeld von Vulnerabilität und Freiheit, das sehr verschiedene gesellschaftliche Bereiche betrifft, nicht angemessen ins Bild zu setzen vermag. Insofern dringe ich erst gar nicht vor zu der Frage, wie bedeutsam in bestimmten Kontexten die schutzwürdigen Interessen von vulnerablen Personen sind, und ob diese es rechtfertigen, individuelle Freiheiten durch Gesetze einzuschränken. Es ist auch aus meiner Sicht wichtig, auf diese Fragen von Fall zu Fall Antworten zu finden – und zwar «als Gesellschaft». Solche Antworten können allerdings nur in einem Prozess der demokratischen Aushandlung gefunden werden. Und hierfür erscheint es mir wichtig, diese so wichtigen Aushandlungen dadurch zu unterstützen, dass Kenntnisse darüber vermittelt werden, wie sehr Vulnerabilitätsvorstellungen bereits in der Vergangenheit Einfluss auf das Recht genommen haben. Dies kann von Bedeutung sein, wenn es um eine Entscheidung darüber geht, ob dieser Weg immer weiter zu verfolgen ist oder ob bestimmte Bereiche individueller Freiheit selbst zum Schutz von Vulnerabilitäten nicht angetastet werden sollten. Zumal ich in diesem Buch aufzeige, dass auch vulnerable Menschen, zu deren Schutz staatliche Maßnahmen ergriffen werden, individuelle Freiheit verlieren – ein Umstand, der in den gegenwärtig geführten Debatten allzu oft übersehen wird, sich aber auf das Ergebnis des Aushandlungsprozesses durchaus auswirken könnte.

Das Thema der Vulnerabilität spielt für demokratische Aushandlungsprozesse allerdings nicht allein deshalb eine Rolle, weil es darin auf Einsichten in den Zusammenhang zwischen gesteigerten Vulnerabilitätsannahmen und der Beschneidung individueller Freiheit ankommt. Denn es gibt *eine Form* von Vulnerabilität, die sich unmittelbar auf Verfahren der Deliberation auswirkt und daher in einer Arbeit über das Spannungsverhältnis von Freiheit und Vulnerabilität nicht fehlen darf. Die Rede ist von einem Phänomen, das ich als *Diskursvulnerabilität* bezeichnen möchte. Gemeint ist damit, dass sich Menschen als besonders verwundbar *durch das Gespräch selbst* erweisen – und zwar insbesondere bei gesellschaftlich wichtigen Fragen wie zum Beispiel dem Umgang mit der Corona-Pandemie oder der Lieferung schwerer Waffen in

Kriegsgebiete. Das bloße Sprechen über ein bestimmtes Thema kann stark negative Gefühle der Betroffenheit auslösen, in denen sich die Verletzbarkeit von Einzelnen niederschlägt. Für sie wird das Gespräch selbst zum Grund für persönliches Leid. Dieses mittlerweile häufig auftretende Phänomen äußert sich in einer Abkehr von gängigen und *guten* Formen des Diskurses – man kann sagen: in einer Diskursverrohung. Beispiel dafür sind der Ausschluss von Menschen aus der jeweiligen öffentlichen Debatte, deren Positionen als verletzend wahrgenommen werden, oder von spezifischen Argumenten und Standpunkten, die ihrerseits die Gefühle mancher Gesprächsteilnehmer verletzen können. Diskursvulnerabilität erweist sich als schädlich für den freien Austausch von Ideen und Meinungen, wie er den Kern einer Demokratie bildet. Werden Personen, Argumente oder ganze Themen aus dem Diskurs ausgeschlossen, bedroht dies die Qualität der Ergebnisse, die im Rahmen des jeweiligen gesellschaftlichen Aushandlungsprozesses erzielt werden. Dies wiederum hat negative Konsequenzen für die individuelle Freiheit. Denn ein *schlechtes* Ergebnis liegt beispielsweise dann vor, wenn Gesetze erlassen werden, die die Freiheit des Einzelnen mehr einschränken, als dies gerechtfertigt ist – etwa aus dem Grund, weil wichtige Argumente im Diskurs kein Gehör finden konnten.

Am Ende handelt dieses Buch also davon, *worüber* und *wie* gesellschaftlich bei gegenwärtigen und künftigen Gesetzesreformen gesprochen werden sollte. Es möchte einen Beitrag leisten zu Inhalt und Ausgestaltung von Debatten – und fußt dabei auf der Einsicht, dass der *Diskurs* als solcher für eine Demokratie essenziell ist und deren eigentliche Stärke begründet. In der Beobachtung verschiedener Diskurse der jüngeren Zeit drängt sich der Eindruck auf, dass eben dieses Kernelement einer lebendigen Demokratie mehr und mehr Störquellen ausgesetzt ist. Risiken drohen dabei gerade von innen: Weil manche die Überzeugung verloren zu haben scheinen, dass es sinnvoll ist, miteinander zu sprechen, selbst wenn das Gegenüber ganz anderer Meinung ist. Und weil manche angesichts der fundamentalen Herausforderungen, die der Gesellschaft beispielsweise im Hinblick auf den Klimawandel bevorstehen, ganz den Glauben an die Demokratie verloren haben oder zumindest auf dem Weg dahin sind. In dieser Gemengelage möchte ich für einen offenen Diskurs plädieren: *Über* Vulnerabilitäten und *trotz (oder gerade wegen)* eigener Vulnerabilität. Eines sollte nicht vergessen werden: Auch die Demokratie ist verletzlich. Und zwar insbesondere dann, wenn es um ihr Herzstück, den freien Diskurs, geht.

1
Kennzeichen einer vulnerablen Gesellschaft

Jeder Mensch ist verletzlich. Menschen können einander Wunden zufügen – physische wie psychische. Sie können krank werden, in wirtschaftliche Not geraten, einsam sein. Pandemien und Naturkatastrophen bedrohen den Wohlstand und die Existenz. Jeder muss eines Tages sterben. In ihrer Verletzlichkeit sind die Menschen unweigerlich aufeinander angewiesen. Das Kleinkind wird von seinen Eltern auf jedem seiner Schritte begleitet. Es wird gefüttert, an die Hand genommen, getragen. Der alte Mensch bedarf selbst wieder der Unterstützung durch andere, die seinen Arm halten und ihm den Alltag erleichtern, manches Mal auch erst ermöglichen. Wer schwer krank wird, ist auf Pflege angewiesen. Verletzlich sind auch diejenigen, die sich selbst nicht so fühlen. Ihre Unversehrtheit ist zerbrechlich. Verletzungen können sie jederzeit treffen und ihnen mitunter ganz plötzlich widerfahren. Wer heute stark ist, kann morgen schwach sein und der Hilfe bedürfen.

Verletzlichkeit weist verschiedene Dimensionen auf. Sie betrifft neben dem Körper des Menschen auch dessen Psyche und kann sich in ganz unterschiedlichen Weisen und Zusammenhängen zeigen, in denen der Mensch anderen und seiner Umwelt ausgesetzt ist. Die Gründe für ein solches Ausgesetztsein sind vielschichtig. Sie können sich aus der bloßen Nähe zu anderen ergeben, die Zugriff auf den eigenen Körper oder die eigene Psyche erlangen. Verletzlich ist der Mensch dann etwa gegenüber der Gefahr gewalttätiger Übergriffe oder verbaler Attacken. Die Unfähigkeit, sich anderen zu entziehen, kann aber auch aus bestimmten sozialen Strukturen erwachsen. Vulnerabilität zeigt sich in Abhängigkeitsverhältnissen wie etwa in der Schule, der Ausbildung oder in Einrichtungen der Pflege, soweit sie durch ein Machtgefälle bestimmt sind. Menschen können besonders verletzlich sein aufgrund bestimmter persönlicher Eigenschaften wie Behinderung, Krankheit oder Alter. Ebenso können sie durch ihre Lebensumstände vulnerabel sein, was sich beispielsweise bei Geflüchteten zeigt, die in Gemeinschaftsunterkünften leben, in denen wenige Rückzugsmöglichkeiten für den Einzelnen bestehen. Daneben sind Einsamkeit und wirtschaftliche Not wichtige Faktoren für die individuelle Verletzlichkeit des Menschen. Soziale Ungerechtigkeit schafft bzw. vertieft die Vulnerabilität der davon Betroffenen. Und nicht zuletzt: Verletzlichkeit äußert sich in einem spezifischen Grad der Ausgesetztheit gegenüber nichtmenschlichen Gewalten – wie etwa bei Überschwemmungen, starker Hitze und Trockenheit, Erdbeben oder Pandemien.

Im ersten Kapitel wollen wir die Merkmale einer vulnerablen Gesellschaft näher kennenlernen. Dazu widmen wir uns den für diese Untersuchung so wichtigen Begriffen der Vulnerabilität und der Resilienz. Ich beziehe mich dabei auf verschiedene Wissenschaftsdisziplinen, wobei ein Fokus auf der Philosophie von Emmanuel Lévinas liegt, der sich in besonderer Weise mit der Verletzlichkeit als *Conditio humana* befasst hat. Eine vulnerable Gesellschaft entsteht erst dann, wenn eine kritische Masse an Bürgern sich selbst als vulnerabel begreift. Es ist daher von vordringlichem Interesse, welche Eigenschaften einem Prototyp des vulnerablen Menschen zugeschrieben werden können. Hierüber geben die Gedanken Lévinas' in besonderer Weise Aufschluss.

Vulnerabilitätsannahmen wirken sich darauf aus, wie von gesellschaftlicher Seite mit Risiken umgegangen wird. Von zentraler Bedeutung für eine vulnerable Gesellschaft ist daher auch die

Wahrnehmung von Risiken und die Frage, wie diese verarbeitet werden. Dabei möchte ich dafür argumentieren, dass wachsende Zuschreibungen von Verletzlichkeit dazu führen, dass die eigenverantwortliche Risikobewältigung mehr und mehr in den Hintergrund rückt. Begreifen sich Menschen zunehmend als vulnerabel, liegt es nahe, dass sie im Umgang mit Risiken nach externer, vor allem staatlicher Unterstützung verlangen. In den Worten der Philosophin Svenja Flaßpöhler: «Je empfindsamer der Mensch für Gewalt, Leid, Tod wird, desto größer das Begehren, diese Gefahren verlässlich zu bannen. Je sensibler eine Gesellschaft, desto lauter der Ruf nach einem schützenden Staat.»[1] Für diese Entwicklung sprechen nicht zuletzt aktuelle Vorschläge aus dem rechtswissenschaftlichen Spektrum, die wir näher betrachten werden.

Im ersten Kapitel geht es mir nicht um eine Diagnose mit Blick auf die gegenwärtige deutsche Gesellschaft. Das hier gezeichnete Portrait einer vulnerablen Gesellschaft dient als analytisches Konstrukt. In dieser Eigenschaft bleibt es notwendig abstrakt und *einseitig*. Für die spätere Analyse kann auf dieses wichtige Instrument gleichwohl nicht verzichtet werden – im Gegenteil. Denn allein auf dieser Basis lässt sich in späteren Kapiteln eine Rechtsentwicklung aufzeigen, die Anhaltspunkte dafür liefert, dass sich die Gesellschaft tatsächlich in die Richtung einer vulnerablen Gesellschaft bewegt. Der in diesem Kapitel entworfene Typus der vulnerablen Gesellschaft liefert damit eine Grundlage für Reflexionen darüber, ob eine solche Entwicklung wünschenswert erscheint.

Vulnerabilität und Resilienz

Das Denken in den Kategorien von Verletzlichkeit und Resilienz hat lange Zeit ein Schattendasein in spezifischen fachwissenschaftlichen Diskursen und einzelnen Disziplinen geführt. Dies hat sich mit den Coronajahren geändert. Vulnerabilität hat als gängiger Begriff Einzug gehalten in die allgemeine öffentliche Diskussion. Sie findet sich als wichtige Kategorie nicht nur in Stellungnahmen des Deutschen Ethikrates,[2] sondern auch in Entscheidungen des Bundesverfassungsgerichts.[3] Leitartikel überregionaler deutscher Tageszeitungen nehmen auf die Vulnerabilität einzelner Menschen ebenso selbstverständlich Bezug wie Studiogäste in abendlichen Talkshowformaten. Die darin liegende Erweiterung des öffentlichen Sprachschatzes findet ihren Ausgangspunkt in dem Bemühen, die besondere Betroffenheit bestimmter gesellschaftlicher Gruppen durch Ereignisse, Umwelteinflüsse oder Verhaltensweisen zum Ausdruck zu bringen. Diese Bedeutung von Vulnerabilität leitet sich aus einer Verwendung des Begriffs im Kontext der Pandemie ab, wo er weit überwiegende Interessen des Gesundheits- und Lebensschutzes zum Ausdruck brachte. Vulnerabilität war hier mehr als eine allgemeine Verletzlichkeit, die alle Menschen charakterisiert. In Zeiten der Pandemie bezeichnete Vulnerabilität keine bloße *Conditio humana*, sondern diente der Kennzeichnung einer *besonderen* Verletzlichkeit. In dieser Bedeutung setzt sich die Konjunktur des Vulnerabilitätsbegriffs mittlerweile weit über den Bereich der Coronapandemie fort.

Soziologen wie Rechtswissenschaftler beschreiben mitunter die gesamte Gesellschaft als vulnerabel. Andreas Reckwitz sieht die spätmoderne Gesellschaft einer Vielzahl von Risikokonstellationen ausgesetzt – wie zum Beispiel dem Klimawandel, der Instabilität der globalen Sicherheitsarchitektur und der hohen Abhängigkeit von komplexen Technologien, die mit der Digitalisierung einhergeht. Seine Diagnose lautet: Die spätmoderne Gesellschaft lasse sich als «gesteigert *vulnerable Gesellschaft*»[4] beschreiben. Dies stößt auf Zuspruch aus dem Kreis der Rechtswissenschaften.[5] Darin finden sich Stimmen, die die Gesellschaft zum Beispiel in einer Pandemie als vulnerabel begreifen. Das pandemische Geschehen schlage bis auf die privateste Ebene des menschlichen Miteinanders durch und beeinträchtige den Einzelnen unmittelbar und weitreichend in seiner individuellen Lebensführung. Erschwert werde dies noch durch ständige Wissensdefizite, die immer neue, teils eingriffsintensive Anpassungen erforderlich machen. Dadurch werde die gesellschaftliche Funktionsfähigkeit so umfangreich eingeschränkt, dass die Rede von einer vulnerablen – also besonders verletzlichen – Gesellschaft gerechtfertigt sei.

Der Umstand, dass der Begriff der Vulnerabilität zum Gegenstand einer Vielzahl von sozial- und kulturwissenschaftlichen Theorien des 20. Jahrhunderts geworden ist, deutet auf «ein neues Verständnis des Subjekts» hin, auf «eine *andere* Anthropologie, in der der Mensch als vulnerables Subjekt in das Zentrum des Dramas der eigenen Geschichte rückt».[6] Ein einheitlicher Begriff der Vulnerabilität lässt sich für die Autoren dieses Zitats allerdings kaum ausmachen. Einen Fokus möchte ich im Folgenden auf die Philosophie von Lévinas richten, der sich um den Begriff der Verletzbarkeit in besonderer Weise verdient gemacht hat. Zunächst lohnt allerdings noch ein Blick auf andere Wissenschaften. Außer in der Medizin spielt das Konzept der Vulnerabilität nämlich eine besondere Rolle im Bereich der Psychiatrie, der Klinischen Psychologie und der Gesundheitspsychologie.[7] Vulnerabilität gibt in diesen Feldern Aufschluss darüber, in welchem Maße eine Person dem Risiko psychischer Störungen ausgesetzt ist. Sie umfasst die Merkmale einer Person, ihrer Lebenslage und ihrer Umwelt, die einen Beitrag dazu leisten, dass die Bewältigung von Belastungssituationen erschwert wird bzw. sich hieraus schwerwiegende Folgen ableiten: «Das Individuum tritt letzten Endes ‹potenziell geschwächt› in die Auseinandersetzung mit einem spezifischen Ereignis ein, ist in besonderer Weise von negativen Folgen des Ereignisses betroffen und entwickelt in der spezifischen Interaktion mit ebendiesem Ereignis Auffälligkeiten oder sogar Störungen, die bei einer anderen Person – die diese spezifische Vulnerabilitätskonstellation nicht aufweist – nicht zu beobachten sind.»

Verletzlichkeit wirkt sich negativ auf die Autonomie des Menschen und dessen Möglichkeit zur gesellschaftlichen Teilhabe aus: Der Betreffende ist in besonderer Weise auf die Unterstützung anderer angewiesen. Allerdings lässt sich beobachten, dass Menschen ganz unterschiedlich auf vergleichbare Belastungssituationen reagieren. Nicht jeder beantwortet einen schweren Schicksalsschlag mit psychischer Auffälligkeit oder mentalen Störungen. Grund dafür ist die individuelle Widerstandsfähigkeit, die bei Menschen ganz unterschiedlich ausgeprägt ist. In der Psychologie und Psychopathologie hat sich hierfür der Begriff der *Resilienz* herausgebildet. Gemeint sind damit psychische Qualitäten des Individuums, die ihm besondere Verarbeitungs- und Bewältigungskapazitäten bereitstellen. Zu diesen «Ressourcen» gehören beispielsweise die Fähigkeiten, seine Gefühle zu kontrollieren, sich an frühere Bewältigungsversuche zu erinnern und Optimismus für den Umgang mit einer aktuellen Belastung zu schöpfen. Für die individuelle Widerstandsfähigkeit spielt außerdem die Einbindung in ein funktionierendes soziales Netzwerk und der Zugang zu institutionellen Unterstützungssystemen (wie etwa einem Gesundheitssystem) eine Rolle. Resilienz kann nicht nur dazu beitragen, dass bei der Konfrontation mit Belastungen psychische Störungen vermieden werden. Darüber hinaus kann sie bewirken, dass «Wendepunkte» erst gar nicht eintreten, indem sich das Individuum kontinuierlich an die Änderungen äußerer und innerer Lebensbedingungen anpasst. Zudem erhöhen Resilienzerfahrungen selbst die psychische Widerstandsfähigkeit, indem sie das Selbstwertgefühl erhöhen.

Die Förderung von Resilienz lässt sich daher als Antwort auf Vulnerabilität verstehen. Verletzlichkeit kann vermieden, gelindert oder zumindest so kompensiert werden, dass sie keinen maßgeblichen Einfluss auf die Autonomie und Teilhabemöglichkeit des Menschen hat. Hierzu trägt die Stärkung jener Faktoren bei, die Resilienz begründen. Während Vulnerabilität sämtliche Merkmale umschreibt, die eine Person in einer Situation mit hohen Anforderungen schwächen, umfasst Resilienz alles Stärkende. Psychologische und psychotherapeutische Interventionen zielen daher darauf ab, Vulnerabilität abzumildern, und zwar insbesondere, indem Resilienz gestärkt wird. Dabei geht es nicht darum, die Verletzlichkeit als *Conditio humana* auszublenden, wohl aber Lebensbedingungen zu fördern, die den Einzelnen zu Resilienz befähigen.

Was aber macht die Verletzlichkeit zu einer *conditio humana*? Besonders eindrücklich lassen sich hierzu Antworten bei Emmanuel Lévinas finden, der menschliches «Sein als Verwundbarkeit» versteht.[8] Der Mensch kennzeichne sich durch «Verwundbarkeit, dem Leiden ausgesetzt sein, Sensibilität, Passivität». Lévinas begründet die Verwundbarkeit des Menschen mit dessen Nähe zu anderen. Der Mensch sei seinem Gegenüber ausgesetzt. Hieraus ergebe sich eine doppelte Angriffsfläche. Die Nähe zu anderen führe dazu, in eigener Person den Verletzungen durch andere ausgesetzt zu sein.[9] Lévinas geht hierüber allerdings weit hinaus. Für ihn liegt der Schwerpunkt der menschlichen Verletzlichkeit nicht in der Möglichkeit, selbst Opfer von Angriffen zu werden, sondern darin, das Leiden des anderen als eigenen Schmerz zu empfinden. In seiner Sensibilität sei der Mensch nämlich durchlässig für das Schicksal seines Gegenübers. «Die Ausgesetztheit gegenüber dem Anderen ist ein Sich-vom-Sein-Lösen – Nähe, Besessenheit durch den Nächsten; Besessenheit wider Willen, das heißt Schmerz.»

Bei Lévinas begegnet uns also eine Anthropologie, in deren Zentrum der leidende Mensch steht. Subjektivität «meint Leiden am Leiden». «Subjektivität ist Verwundbarkeit, die Subjektivität ist Sensibilität.» Der leidende Mensch im Sinne von Lévinas ist hochsensibel gegenüber den eigenen Empfindungen und denen der anderen – so sensibel, dass das Leiden der anderen zu einem «*Leiden in mir*» wird.[10] Das gesamte Sein des Menschen kreist um dieses Motiv. Dabei steigert Lévinas die Sensibilität des Menschen so weit, dass er sie nicht bloß auf das unmittelbare Gegenüber ausdehnt, sondern gar auf «alle anderen». Das Verhältnis zum anderen sei «das zu einem absolut Schwachen», der «absolut entblößt, nackt und ausgesetzt», «allein ist und die äußerste Vereinzelung erleiden kann, die der Tod ist; es gibt daher im Antlitz des Anderen immer den Tod des Anderen». Dabei sind «alle anderen im Antlitz des Nächsten enthalten.»

In seiner eindrucksvollen Sprache liefert uns Lévinas eine besonders klare Vorstellung vom Begriff der Verletzlichkeit. Darin wird unter anderem deutlich, dass Vulnerabilität und Sensibilität in einer bedeutungsvollen Wechselbeziehung stehen. Verletzlichkeit macht sensibel gegenüber den eigenen Empfindungen und dem eigenen Leiden. Dasselbe gilt aber nach Lévinas gerade auch für die Beziehung zu anderen Menschen. Für deren Schmerzen und Gefühle ist der Mensch, wie ihn Lévinas zeichnet, geradezu durchlässig. Sensibilität ist hier so sehr gesteigert, dass nicht mehr zwischen eigenem und fremdem Leid unterschieden wird. Ein solcher Mensch horcht beständig in sich hinein, um vergangenen Verletzungen nachzuspüren und mögliche künftige Leiden zu antizipieren. Er hat einen wachen Blick für seine Mitmenschen.

Seine Empathie entspricht nahezu einer Selbstaufgabe, indem er sich offen und damit auch verwundbar zeigt gegenüber deren Angriffen, aber gerade auch ihrem Schmerz.

Die Ausweitung der Risikozone

Vor dem Hintergrund dieser Beschreibungen lautet meine These, dass sich Vulnerabilitätszuschreibungen wesentlich darauf auswirken, wie Menschen individuell und kollektiv mit Risiken umgehen – wie sie diese wahrnehmen und bewältigen. Vulnerabilität umschreibt eine Ausgesetztheit des Menschen gegenüber Risiken – sei es, dass diese durch andere Personen oder die Umwelt bestehen. Konkret will ich also behaupten: Vulnerable Gesellschaften sind nicht bloß besonders *risikoavers*, sondern neigen außerdem dazu, die Aufgabe der Risikobewältigung in staatliche Hände zu legen und diesen Vorgang immer weiter auszudehnen.

Ein solcher Zusammenhang zwischen wachsender Vulnerabilität und dem von mir beschriebenen Umgang mit Risiken deckt sich zunächst mit Beobachtungen, wie wir sie in philosophischen, soziologischen, psychologischen und rechtswissenschaftlichen Analysen der Gegenwartsgesellschaft vorfinden. Der Soziologe Andreas Reckwitz attestiert dem spätmodernen Subjekt «eine gesteigerte Verletzlichkeit». Dies stehe in Zusammenhang mit der Wahrnehmung von Risiken durch den Menschen:

> «Risiken sind nie objektiv vorhanden, sondern immer abhängig von einer gesellschaftlichen Interpretation *als* Risiko. In der Spätmoderne hat die Risikosensibilisierung zugenommen [...]. Die Öffentlichkeit fordert daher eine Reaktion auf Risiken ein, die man in früheren Phasen der Moderne möglicherweise noch gar nicht als Risiko wahrgenommen hätte.»[11]

Auch die Philosophin Svenja Flaßpöhler diagnostiziert: «Der Mensch droht zu einer offenen Wunde zu werden, die vor jedem Infektionsrisiko zu schützen ist. Der Ruf nach institutioneller und staatlicher Kontrolle wird entsprechend lauter.»[12]

Bestätigt wird dieser Eindruck durch Stimmen aus der Psychologie. Nick Haslam stellt in seiner Forschung zu den psychologischen Konzepten von Verletzung und Pathologie fest, dass beide in den letzten Jahrzehnten erheblich expandiert sind. In der Folge werden immer mehr Verhaltensweisen als potenziell verletzend eingestuft. Zugleich wird deutlich früher davon ausgegangen, dass eine gesundheitlich ernstzunehmende Schädigung vorliegt. Dabei erfolgt diese Ausdehnung nicht bloß anhand objektiver Kriterien, sondern kann von der bloßen Wahrnehmung des Verletzten abhängig gemacht werden. Wenn also zum Beispiel der von dem Verhalten Betroffene meint, dass er schikaniert wurde, handele es sich um eine Schikane – unabhängig davon, welche objektiven Umstände möglicherweise gegen diese Einstufung sprechen.[13]

Hierzu passt die Diagnose des Philosophen Byung-Chul Han, der der gegenwärtigen Gesellschaft eine Algophobie, eine generalisierte Angst vor Schmerzen bescheinigt:[14] «Auch die Schmerztoleranz sinkt rapide. [...] Konflikten und Kontroversen, die zu schmerzhaften Auseinandersetzungen führen können, wird immer weniger Raum gegeben.» Und: «Gerade in der Moderne, in der die Umwelt uns immer weniger Schmerzen bereitet, scheinen unsere Schmerznerven immer empfindlicher zu werden. Es entwickelt sich eine Hypersensibilität.» Damit ist der Bogen zu Nietzsches «letztem Menschen» geschlagen – in Hans Worten: «Das 21. Jahrhundert ist gerade das Zeitalter des letzten Menschen.» Behaglichkeit stelle «einen höheren Wert dar als die Freiheit». Zugleich herrsche eine «Hysterie der Gesundheit» vor. Bei Nietzsche lässt sich über den letzten Menschen lesen, dass er «das Glück erfunden» habe.[15] In dieser Fixierung auf das Wohlbehagen meidet der letzte Mensch jedwede Anstrengung. Dies gilt sowohl für die eigenen Lebensbedingungen – die letzten Menschen «haben die Gegenden verlassen, wo es hart war zu leben» – als auch den Umgang mit anderen: «Ein Tor, der noch über Steine oder Menschen stolpert!» Vor diesem Hintergrund ergibt es Sinn, dass sowohl Krankheit als auch Misstrauen als «sündhaft» gelten – Achtsamkeit ist das Gebot der Stunde.

Byung-Chul Hans Analyse einer wachsenden Schmerzintoleranz fügt sich in das Bild einer Gesellschaft, deren Mitglieder sich zunehmend als besonders verletzlich – als *vulnerabel* – begreifen.[16] Umso verletzlicher Menschen sind, desto weniger haben sie dem Schmerz entgegenzusetzen. Sie müssen ihn dann ohnmächtig ertragen; der Schmerz kann sich ungehindert entfalten. Es liegt nahe, dass besonders verletzliche Menschen gesteigert Anstrengungen aufbringen, um Schmerzen zu vermeiden. Je mehr Vulnerabilität vorherrscht, desto größer ist der Wunsch, Risiken umfassend auszuschließen. Das Risiko ist Vorbote des Schmerzes. Weil es ihn ankündigt, wird es selbst zum Schmerz – zur Last, die es zu vermeiden gilt. Realisiert sich das Risiko, bedeutet dies eine Verletzung, die in aller Regel mit Leid und Schmerz einhergeht. Schmerzvermeidung und Vulnerabilität gehören daher zusammen.

Autoren aus der Soziologie und Rechtswissenschaft sind sich einig, dass die Antwort auf eine vulnerable Gesellschaft ein «resilienter Staat» oder ein «resilientes Recht» sei. Ein resilienter Staat betreibe «eine systematische Risikopolitik im Dauermodus», «um den Eintritt des Risikofalls zu verhindern oder zu vermindern oder zumindest für die doch unweigerlich eintretenden Risikofälle gewappnet zu sein.»[17] Resilientes Recht würde Änderungen der geltenden Rechtslage erforderlich machen, um dazu in der Lage zu sein, «seinen Steuerungsanspruch gegen reale Widerstände durch[zu]setzen, sei es, dass es ihnen rigide, unnachgiebig und unverrückbar standhält, sei es, dass es sich elastisch anpasst und flexibel reagiert.»[18] Dabei geht es in erster Linie um vorbereitende, vorsorgende Maßnahmen, um sich «gegenüber zukünftigen Bedrohungen zu immunisieren».[19] Andere Juristen bringen eine «Staatsaufgabe, umfassende Resilienz herzustellen», ins Spiel.[20] Eine verfassungsrechtliche «Resilienzgarantie» schaffe Sicherheit in gesellschaftlichen Krisensituationen. Sie umfasse neben der umfangreichen rechtlichen Risikovorsorge das Management bereits eingetretener Risiken.

In der Tat liegt es nahe, dass Menschen, die sich wesentlich durch ihre Eigenschaft der Verletzlichkeit definieren, dazu neigen, ihre Umwelt als besonders risikoreich wahrzunehmen. Wer sensibel ist, beständig die eigene Gefühlslage und die seiner Mitmenschen wahrnimmt und reflektiert, kann Einsichten erlangen, die ihm bislang verschlossen waren. Eine weniger sensible Lebenshaltung kann dazu führen, dass das Leiden anderer schlicht übersehen oder als irrelevant beurteilt wird – dass die Menschen aneinander vorbeihetzen und im Strudel des Alltags und der zahlreichen an sie gerichteten Erwartungen weder die eigene innere Stimme noch die der anderen hören. Unter dieser Voraussetzung entgehen den Menschen möglicherweise wichtige Dimensionen des Lebens, die gerade auch Risiken betreffen. Anders ergeht es einem besonders sensiblen Menschen, wie ihn Lévinas beschreibt. Durch seinen Fokus auf Verletzlichkeiten fühlt, hört und sieht er buchstäblich mehr und kann damit ein Bewusstsein auch gerade dafür entwickeln, was es an Gefahren für sich und andere in Zukunft zu vermeiden gilt. Ein Beispiel: Ein sehr sensibler Mensch erlangt Einsicht in die Tatsache, dass es für eine Frau unangenehm sein kann, sie *lobend* auf ihren Kleidungsstil anzusprechen – weil sie sich dadurch möglicherweise auf ihr Äußeres reduziert oder sie sich vielleicht in ihrem eigenen Körper nicht wohl fühlt, weshalb die Auswahl passender Kleidung für sie als belastend erfahren wird.[21] Die Ansprache hierauf – selbst wenn sie affirmativ bzw. «gut gemeint» ist – kann dann selbst zum Auslöser («Trigger») von negativen Gefühlen werden, wofür ein sensibler Mensch ein Gespür entwickelt und seine Worte daher mit Bedacht wählt.

Aus der bloßen Einsicht in die Gefährlichkeit von Verhaltensweisen, die bislang als weniger risikoreich eingeschätzt wurden, folgt allerdings noch nicht, dass dieses Risiko auch in einem Maße ernstgenommen wird, das Maßnahmen zur Gegensteuerung rechtfertigt. Das Bewusstsein für Risiken sagt also für sich genommen noch nichts darüber aus, wie *relevant* sie eingestuft werden. Wenn in der eigenen Selbst- und Fremdwahrnehmung allerdings Verletzlichkeit im Vordergrund steht, spricht dies dafür, dass einmal erkannte Risiken auch das Bedürfnis nach Gegenmaßnahmen auslösen. Das Spektrum denkbarer Reaktionen reicht dabei von einer Anpassung eigener Verhaltensweisen bis hin zur Forderung nach staatlichen Maßnahmen, die dies bei anderen Personen notfalls mit Zwang durchsetzen. Dabei dürfte der Ruf nach dem helfenden Staat sehr früh und häufig erklingen. Wer nämlich sich selbst und andere als vulnerabel begreift, wird nicht nur geneigt sein, besonders viele Phänomene als Risiko zu definieren und es für notwendig erachten, hierauf auch zu reagieren. Darüber hinaus wird er besonders wirksame Gegensteuerungsmaßnahmen einfordern, weshalb eine bloße freiwillige Änderung individueller Verhaltensweisen seltener als zielführend eingestuft werden dürfte als eine staatliche Intervention.[22]

Doch weshalb ist es überhaupt möglich, dass die Mitglieder einer Gesellschaft *selbst* Risiken definieren? Sind Risiken nicht etwas Objektives, sodass es für ihre Annahme und die dafür notwendigen Reaktionen gar nicht auf die Sicht Einzelner ankommt? Die Fragen verweisen auf eine anhaltende Debatte innerhalb der

Risikoforschung, die den Begriff des Risikos selbst betrifft. Namhafte Vertreter der Soziologie klassifizieren das Risiko als «soziale Konstruktion».[23] Ulrich Beck, der den Begriff der «Risikogesellschaft» geprägt hat, hält fest, dass «Aussagen über Gefährdungen [...] niemals auf bloße Tatsachen reduzierbar» seien.[24] Das Risiko entstehe erst durch eine «kausale Deutung», durch die soziale und rechtliche Verantwortungszusammenhänge geschaffen werden. Insofern müssen «Risiken einen sozialen Anerkennungsprozeß erfolgreich durchlaufen haben.» Hierin liege aber eine normative (wertende) Komponente, weshalb Risiken nicht allein auf «objektive» Wissensbestände insbesondere aus den empirisch forschenden Wissenschaften, also den Natur- und Technikwissenschaften, zurückgeführt werden können. «Rationale Risikofeststellung» sei daher nicht möglich. Zum einen seien auch Wissenschaftler abhängig von Wirtschaft, Politik und Ethik. Zum anderen habe ihre Forschung mit epistemischer Ungewissheit zu kämpfen, die dem Rationalitätsanspruch entgegenstehe. Zudem beteiligten sich Wissenschaftler an einem wirtschaftlich motivierten «*Geschäft* mit dem Risiko».

Als Konsequenz seiner Analysen bestreitet Beck die Möglichkeit, «Risiken spezialisiert und per Fachautorität objektiv und verbindlich festzustellen.» Er hält die Auffassung für «*falsch*», im Hinblick auf die Risikofeststellung zwischen Wissenschaft und Bevölkerung wie zwischen «Kundigen und Unkundigen» zu differenzieren, deren abweichende Einschätzungen auf ein «*reines Informationsproblem*» zurückzuführen sei. Sollten wissenschaftliche Risikobestimmungen von Seiten der Bevölkerung nicht akzeptiert werden, komme darin nicht «Irrationalität» zum Ausdruck. Vielmehr verweise dieser Befund «genau umgekehrt» darauf, dass sich die technischen Risikoexperten darüber «*irren*», welche Wertprämissen in der Bevölkerung vorherrschen. Sie gehen also schlicht irrtümlich von einem anderen Maß an Risikoaffinität oder aber Risikoaversion aus, als es in der Gesellschaft verbreitet ist. Beck sieht hierin den zentralen Fehler jener Naturwissenschaftler, die Aussagen über Risiken treffen und abweichende Einschätzungen in der Bevölkerung als irrational kennzeichnen.

Für Beck kommt es daher bei der Feststellung von Risiken entscheidend auf die allgemein in der Gesellschaft vorherrschende *Akzeptanz* an. Die Unterscheidung zwischen Risiken und deren Wahrnehmung verliere gar «ihre Berechtigung», soweit es dabei um die Unterstellung eines «Rationalitätsmonopol[s] der wissenschaftlichen Risikodefinition» geht. Dieser Risikobegriff ist aus unterschiedlichen Gründen in die Kritik geraten. Zentral ist dabei der von dem Philosophen Julian Nida-Rümelin formulierte Einwand: «Risiko ist eine Realität, nicht lediglich ein Konstrukt. Denn Schäden kann man beobachten, untersuchen und bewerten.» Nida-Rümelin verweist auf Datensammlungen zu Schadensereignissen, aus denen sich frequentistische Wahrscheinlichkeiten ableiten lassen, die «in vielen Fällen absolut verlässlich» seien. Ohne Orientierung daran drohe eine «Form von Irrationalität».[25]

Allerdings berücksichtigt auch Nida-Rümelin subjektive Elemente in der Feststellung des Risikos wie beispielsweise die Schadensbewertung.[26] Das Risiko lasse sich in dem Maße objektivieren, in dem man sich auf Bewertungsmaßstäbe einigen kann. Damit wird aber deutlich, dass auch der Risikobegriff des Philosophen von der Akzeptanz innerhalb der Bevölkerung abhängig ist – freilich einer Akzeptanz, die auf dem Weg notwendiger gesellschaftlicher Verständigungsprozesse erst hergestellt wird. Beck wiederum geht es bei seinem Ansatz weniger darum, Risikoakzeptanz auszuhandeln; vielmehr ist die in der Gesellschaft vorfindbare Akzeptanz für ihn das Maß der Bewertung von Risiken. Damit handelt er sich nicht zuletzt den Einwand eines naturalistischen Fehlschlusses ein, denn: «Aus der individuellen

Risikowahrnehmung lassen sich [...] keine unmittelbaren Handlungsorientierungen gewinnen.»[27] Die Bewertung von Risiken beruht also nicht bloß auf individuellen Vorstellungen,[28] hat aber einzubeziehen, wie Menschen der jeweiligen Gefährdung begegnen. Weil die Annahme eines Risikos oftmals mit gesellschaftlichen Reaktionen verbunden ist, muss sie tatsachengebunden erfolgen. Auch die mit naturwissenschaftlichen Methoden erzielten Risikobewertungen sind nicht uneingeschränkt objektiv, da die individuellen Wertungen des Wissenschaftlers darin einfließen. Zumal jede seriöse wissenschaftliche Aussage unter dem Vorbehalt ihrer möglichen späteren Revision infolge neuer Erkenntnisse steht.

Wie wir gesehen haben, weisen Personen, die sich selbst vorrangig in ihrer Eigenschaft der besonderen Verletzlichkeit begreifen, eine erhöhte Risikosensibilität auf. Die Perspektive der Vulnerabilität erhöht die Wahrnehmung von Leid. Güter, an denen ein Schaden entstehen kann, werden in der Folge in einer ganz anderen Tiefendimension erfasst. Dies führt letztlich zu einer bedeutsamen Ausdehnung der Schmerzzone. Potenzieller Schmerz droht bereits deutlich früher, als dies ein Mensch annehmen würde, dessen Eigen- und Fremdbild weniger an Vulnerabilität ausgerichtet ist. Mit der Ausweitung der Schmerzzone geht aber notwendig die Erweiterung der Risikozone einher: Wo Schmerz droht, gibt es auch Risiken, die für diesen Schmerz ursächlich sein können. Potenzielles Leid definiert potenzielle Risiken. Dies ist für sich genommen nicht «irrational», soweit das als solches interpretierte Risiko nicht vollständig losgelöst ist von tatsächlichen Anhaltspunkten und solange für die Wahrscheinlichkeit des Risikoeintritts die verfügbare Datenlage berücksichtigt wird. Vulnerabilität bewirkt eine gesteigerte Risikowahrnehmung sowohl in der Breite als auch in der Tiefe. Zum einen werden mehr Phänomene als Risiken definiert; zum anderen wird bereits bekannten

Risiken ein höheres Gewicht beigemessen als zuvor. Dieser Prozess ist grundsätzlich auf Dauer gestellt: «Jede Sensibilität [gebiert] neue Sensibilitäten.»[29] Selbst wenn das Leben der Menschen objektiv immer risikoärmer wird, unterbindet dies nicht die Steigerungslogik einer vulnerablen Gesellschaft im Hinblick auf deren Risikovorsorge. So reagieren «die Menschen, je sicherer sie leben, desto ängstlicher auf Restrisiken».[30] Es ist also nicht etwa nur so, dass den Menschen mehr und mehr *neue* Risiken begegnen. Der entscheidende Punkt dürfte darin liegen, dass Umstände und Phänomene als Gefährdung begriffen werden, die bislang anders interpretiert wurden. Der Kreis der Risiken erweitert sich auch deshalb, weil das von einer Gefährdung betroffene Gut umfassender als bislang verstanden wird bzw. weil die Schwelle der akzeptablen Eintrittswahrscheinlichkeit von Risiken weiter nach vorne verschoben wird.

In einer vulnerablen Gesellschaft werden neuartige und auch bereits bekannte, aber mittlerweile als gewichtiger eingestufte Risiken vornehmlich durch den Staat und seine Einrichtungen bewältigt. Diese These stützt sich auf die von mehreren Juristen formulierte Antwort auf die vulnerable Gesellschaft, die in aller Kürze lautet: Mehr Staat! Die Verwaltung soll durch entsprechende rechtliche Grundlagen ermächtigt werden, intensiver als bislang Vorsorge gegenüber möglichen gesellschaftlichen Krisenlagen zu betreiben. Auch sollen ihre Befugnisse für den Fall des Eintritts entsprechender Risiken ausgedehnt werden, damit «im Auge des Sturms» effektiver gehandelt werden kann. Hierin könnte auch eine Antwort auf Reckwitz' Frage angedeutet sein, «ob gegenwärtig ein grundsätzlicher Umbau von Staatlichkeit ansteht, der die Anfälligkeit für diverse Risiken in den Mittelpunkt der staatlichen Aktivität stellt.»[31] Die vulnerable Gesellschaft ist die Gesellschaft von Menschen, die sich selbst, den anderen oder die Gemeinschaft als besonders verletzlich begreifen und sich individuell nicht dazu in der Lage sehen, die *eigene* Verletzlichkeit durch *eigene* Resilienz auszugleichen. Der vulnerablen Gesellschaft ein resilientes Recht entgegenzusetzen, heißt daher nichts anderes, als auf die kollektive Verletzlichkeit mit einem Mehr an staatlicher Regulierung zu reagieren. Dem verletzlichen Einzelnen als Mitglied der Gesellschaft wird bildlich gesprochen die staatliche Hand gereicht.

In vulnerablen Gesellschaften scheint der einzelne Mensch in besonderer Weise geneigt, sich der unmittelbaren Konfrontation mit Risiken zu entziehen. Daher rücken auch Maßnahmen der persönlichen Risikovermeidung wie etwa die Einhaltung eines gesunden Lebensstils oder regelmäßiger Sport in den Fokus. Für Menschen, die sich als besonders verletzlich begreifen, ist individuelles Risikomanagement aber zumeist nicht genug. Vielmehr bedarf es der Unterstützung durch andere – und zwar bestenfalls des Staates, dessen Maßnahmen besonders erfolgversprechend erscheinen. Risiken werden dann eher nicht als *private* eingestuft.[32] In der Folge wird die gesellschaftliche Sicherheitsarchitektur zunehmend Vulnerabilitätsbedürfnissen angepasst.

In diese Analyse fügt sich die Art und Weise, wie Juristen das Konzept der Resilienz auf das Recht übertragen und Vorschläge für ein «resilientes Recht» unterbreiten. Fast unbemerkt kommt es dabei nämlich zu einer Verschiebung des Resilienzgedankens, wie wir ihn noch im Bereich der Psychologie kennengelernt haben. Zur Erinnerung: In der Psychotherapie setzt man in der Behandlung von Vulnerabilitäten darauf, *individuelle* Resilienz zu stärken. Ein ganz anderes Konzept der Resilienz verbirgt sich hinter der juristischen Idee eines resilienten Rechts. Anstatt nämlich die Bürger persönlich resilienter im Umgang mit bestimmten Risiken zu machen, wird darauf gesetzt, das Recht der Gefahrenabwehr zu stärken. Resilientes Recht ist also ein Instrument, um Vulnerabilität durch staatliche Maßnahmen und damit (aus der

Perspektive von Individuen betrachtet) *von außen* auszugleichen. Gestärkt wird der Staat durch Ausdehnung seiner Handlungsbefugnisse – nicht das individuelle Subjekt.

An der Vulnerabilität Einzelner ändert dies nichts. Der «resiliente Staat» geht von einem verletzlichen Bürger aus, der möglichst umfassender Unterstützung im Umgang mit Risiken bedarf. Er übernimmt dort Verantwortung, wo dies bislang nicht der Fall war. In der Psychologie sorgt die Ausbildung von Resilienz dafür, dass das Individuum in die Lage versetzt wird, sich *in eigener Verantwortung* gegenüber bestimmten Ereignissen zu schützen. Ganz anders verfährt das «resiliente Recht»: Anstatt Eigenverantwortung zu *stärken,* wird sie *entzogen.* Dies bestätigt den Mechanismus, dass wachsende Vulnerabilitätsannahmen zur Ausdehnung staatlicher Hoheitsbefugnisse führen. Die Aufgabe der Risikobewältigung liegt in der vulnerablen Gesellschaft vorrangig in den Händen des Staates.

2
Der Staat der vulnerablen Gesellschaft

Meine These lautet, dass die Deutungen aus Soziologie, Philosophie, Rechtswissenschaft und Psychologie zutreffen, wonach die gegenwärtige Gesellschaft durch eine besondere und immer weiter zunehmende Verletzlichkeit ihrer Mitglieder geprägt ist. Eine Vielzahl von Gesetzesänderungen der jüngeren Zeit legen von dieser Entwicklung Zeugnis ab. Dabei offenbart sich ein Effekt, der aus gesellschaftlicher Sicht Aufmerksamkeit verdient: Die Veränderungen der Rechtslage, die infolge verstärkter Vulnerabilität bzw. zumindest deren Zuschreibung ausgelöst wurden, führen dazu, dass sich die individuelle Freiheit *aller* Bürger reduziert. In einer vulnerablen Gesellschaft besteht das Bedürfnis nach einem erhöhten Schutzniveau, um individuelle Schwäche auszugleichen. Dies gelingt nicht bloß durch Formen der Selbstkontrolle wie das Zurückhalten der eigenen Meinung, um andere nicht zu verletzen, oder durch den Einsatz von «Sensitivity Readern»,[1] die Bücher vor ihrer Veröffentlichung auf mögliche verletzende Inhalte prüfen. Ein besonderes Maß an Sicherheit vor Angriffen und Verletzungen wird eben nicht durch freiwillige private, sondern durch *staatliche* Interventionen erreicht. Der Mangel an individueller Widerstandsfähigkeit wird also durch eine Verstärkung äußerer Sicherheitsstrukturen kompensiert. Aus freiheitlicher Sicht vollzieht die vulnerable Gesellschaft damit eine Selbstverzwergung, die dazu dient, der eigenen (zumindest empfundenen) Ohnmacht gegenüber spezifischen Risiken entgegenzuwirken.

Nutznießer dieser Reduktion individueller Handlungsfreiheit ist in erster Linie der Staat. Was der einzelne Mensch an Freiheit aus seiner eigenen Sphäre wegschiebt, landet in aller Regel unmittelbar bei staatlichen Akteuren, die hierauf durch den Erlass neuer Gesetze und den Ausbau der eigenen Institutionen reagieren. Diesen wirkmächtigen Zusammenhang möchte ich im nächsten Kapitel anhand einiger besonders prägnanter Beispiele aus der jüngeren Rechtsentwicklung verdeutlichen. Bevor wir allerdings hierauf zu sprechen kommen, bedarf es einiger wichtiger Vorklärungen. Um zu verstehen, weshalb die jüngeren Gesetzesänderungen individuelle Freiheitseinbußen begründen, sind die Begriffe der Freiheit und des Staates sowie deren Verhältnis näher zu betrachten. Hier möchte ich dem Einwand eines vereinfachenden Schwarz-Weiß-Denkens begegnen. Man könnte auf den Gedanken kommen, individuelle Freiheit und staatliche Machtbefugnisse stünden sich in einem bloßen Konkurrenzverhältnis gegenüber. Die Ausdehnung des staatlichen Aktionsradius ginge dann unweigerlich zu Lasten der Entfaltungsmöglichkeiten des Einzelnen. Ein so einseitiges Bild beschreibt das Verhältnis von staatlichen Befugnissen und individueller Freiheit allerdings alles andere als zutreffend. Im Gegenteil ist Freiheitsausübung wesentlich auf staatliche Gewährleistungen *angewiesen.* Die Ausweitung hoheitlicher Rechtsetzungsbefugnisse kann nicht ausschließlich als Verlust persönlicher Freiheit begriffen werden. Das Verhältnis von individueller Freiheit und staatlicher Souveränität ist komplexer und durchaus ambivalent.

Staat und Freiheit: Eine kleine Geschichte der Souveränität

Neuere Rechtsentwicklungen zeigen, wie es aufgrund verstärkter Zuschreibung von Vulnerabilität zu Einschränkungen der individuellen Freiheit kommt. Was den Begriff der Freiheit ausmacht, lässt sich in Rechts-, Sozial- und Moralphilosophie ganz unterschiedlich verstehen. Im Hinblick auf die rechtliche Grundposition herrscht allerdings eine gewisse Klarheit.[2] So wird rechtliche Freiheit danach bemessen, wie viele Möglichkeiten dem Einzelnen versperrt sind, sich durch Handlungen zu entfalten. Die Gründe dafür, weshalb bestimmte Handlungsoptionen nicht bestehen, können sich aus dem Verhalten anderer Menschen ergeben – vor allem aber aus staatlichen Maßnahmen. Der rechtliche Freiheitsbegriff ist damit ein «negativer»: Um Freiheit im Rechtssinne herzustellen, muss der Staat Eingriffe unterlassen. Es bedarf von seiner Seite gewissermaßen einer «negativen Handlung». Das negative Verständnis von Freiheit liegt im Grundsatz auf einer Linie mit einer liberalen Freiheitskonzeption. Um Freiheit zu sichern, müssen den Bürgern Abwehrrechte gegenüber staatlichen Eingriffen eingeräumt werden. Dabei ist klar, dass eine solche Konzeption von Freiheit die individuelle Situation des Einzelnen zu berücksichtigen hat.[3] Um Freiheit zu schützen, müssen auf der Seite des Individuums die dafür erforderlichen Bedingungen vorliegen – der Einzelne muss *autonom* und damit in der Lage sein, freie Entscheidungen für sich selbst zu treffen. In Anlehnung an Immanuel Kant lässt sich insoweit von der Fähigkeit zur Selbstgesetzgebung sprechen: «Autonomie des Willens ist die Beschaffenheit des Willens, dadurch derselbe ihm selbst [...] ein Gesetz ist.»[4] Ein negatives Verständnis von Freiheit lässt sich daher so konzipieren, dass von vornherein die Situation des Einzelnen und damit seine Stellung innerhalb der Gesellschaft mitgedacht ist: Unterliegt der Betreffende sozialen Zwängen, die ihn an seiner Freiheitsausübung hindern? Ist er infolge einer Fehleinschätzung nicht dazu in der Lage, seine Entscheidung auf richtiger Tatsachengrundlage zu treffen? Wenn Freiheit durch das Fehlen äußerer Beeinträchtigungen definiert wird, müssen diese Aspekte mitberücksichtigt werden. Ohne zu bestimmen, was der jeweilige

Schutzgegenstand ist, lässt sich auch nicht sagen, ob darin durch staatliches oder sonstiges Handeln eingegriffen wird.

Der Staatsphilosoph Thomas Hobbes versteht unter Freiheit «die Abwesenheit äußerer Hindernisse».[5] Ein «*freier Mensch [ist], wer nicht daran gehindert wird, Dinge nach seinem Willen zu tun, zu denen er aufgrund seiner Kraft und seines Verstandes fähig ist.*» In einem Zustand menschlichen Zusammenlebens, das in keiner Weise staatlich geordnet ist («Naturzustand»), habe «jeder ein Recht auf alles», was selbst gewalttätige Übergriffe auf andere Personen einschließe. Jeder besitze also die «Freiheit, […] seine eigene Macht nach Belieben zur Erhaltung seiner eigenen Natur, das heißt seines eigenen Lebens, zu gebrauchen». Es ist nicht schwer zu erahnen, dass eine solche Situation zu permanenten Konflikten führt: Die Freiheit des einen stößt sich an der Freiheit des anderen. Hobbes spricht hier drastisch von einem «Krieg eines jeden gegen jeden». Solange es mehr als einen Menschen auf der Welt gibt, steht dessen rechtliche Freiheit immer in Beziehung zu derjenigen einer anderen Person. Hier tritt die Rolle des Rechts auf den Plan. Durch das Recht werden die Bereiche der rechtlichen Freiheit gegeneinander abgegrenzt und legale Entfaltungsspielräume zugeteilt.

Dem Staat kommt dabei eine bedeutende Aufgabe zu. Um diese näher zu beschreiben, bedienen sich die heute mehrheitlich angebotenen Theorien eines kontraktualistischen Ansatzes («Vertragstheorien»). Die Idee ist dabei, dass sich im Grundsatz *freie* Individuen hypothetisch bzw. tatsächlich dazu verabreden, gemeinsam in einem Staat miteinander zu leben, der nach bestimmten – von ihnen selbst gewählten – Regeln gebildet ist («Gesellschaftsvertrag»). Der Staat wird also durch ein System von Regeln und Prinzipien konstituiert, auf die sich rationale Individuen unter bestimmten, vorab näher festgelegten Bedingungen einigen würden. Für den Einzelnen bietet der Eintritt in eine staatliche Gemeinschaft viele Vorteile – in erster Linie die Sicherheit vor der Willkür des jeweils Stärkeren, der durch den staatlichen Souverän gewaltsam in seine Schranken verwiesen wird. Hierfür entwirft Hobbes das Konzept eines absolutistischen Herrschers, den er «Leviathan» tauft und der nahezu grenzenlos machtbefugt gegenüber seinen «Untertanen» ist.

Allerdings ist es gerade diese schier grenzenlose Macht des Staates über den Einzelnen, an der die zentrale Kritik am hobbesschen Staatsverständnis ansetzt. Die Kritik führte zu entscheidenden Weiterentwicklungen der Vertragstheorie, durch die der Bürger gegenüber dem staatlichen Souverän gestärkt werden sollte. Hierfür sprechen bereits pragmatische Gründe: Welchen Vorteil birgt die Übertragung individueller Handlungsmöglichkeiten auf einen Leviathan, wenn im Staat wiederum Unsicherheit über dessen Gewaltausübung herrscht? Wenn sich der Leviathan gegenüber seinen Bürgern nicht bzw. kaum rechtfertigen muss, ist damit ein Gegenspieler geboren, der weitaus mehr Angst und Schrecken verbreiten kann, als dies einem jeden Einzelnen im Naturzustand möglich gewesen wäre. Die Kritik an Hobbes reicht aber noch weiter: In dessen Bild vom Staat unterwirft sich der Einzelne einem übermächtigen Leviathan. Für eine selbstbestimmte Lebensführung bleibt da kein Raum. Hobbes erachtet diesen Schritt als notwendig, weil allein der Leviathan dazu in der Lage sei, das Wolfshafte des Menschen zu bändigen (*homo homini lupus*). Doch wird dem Staatsphilosophen vorgeworfen, auf diese Weise ein allzu düsteres Bild vom Menschen zu zeichnen und dabei eine wesentliche menschliche Grundeigenschaft zu übersehen: die Fähigkeit zur Selbstbestimmung und den Willen, sein Leben frei von Bevormundung durch Dritte oder den Staat zu führen.[6] Hobbes' Idee eines bedingungslosen Unterwerfungsvertrags stellt am Ende die Berechtigung des staatlichen Souveräns selbst infrage. Denn weil der Bürger im Staat des Leviathans nahezu alle seine Rechte aufgibt, bleibt für den Souverän nichts mehr übrig, was es zu schützen gäbe – womit der Zweck seiner Gründung entfällt.[7]

In der Geschichte des politischen Denkens rückt die Rolle des einzelnen Menschen im Verhältnis zur staatlichen Obrigkeit folgerichtig immer deutlicher in den Vordergrund. Dazu trägt auch die so wichtige Idee universeller Menschenrechte bei. Einen Gegenentwurf zum allmächtigen Leviathan liefert in diesem Sinne die kantische Rechtslehre. Immanuel Kant spricht den Individuen bereits im Naturzustand Rechte zu, die im Staat gesichert werden sollen. Durch den Gesellschaftsvertrag werde der Gesetzgeber verpflichtet, «daß er seine Gesetze so gebe, als sie aus dem vereinigten Willen eines ganzen Volks haben entspringen *können*».[8] Kant trägt in seiner Rechtslehre der Einsicht Rechnung, dass die Freiheit der Menschen in einem gegenseitigen Spannungsverhältnis steht. Die Freiheit des einen kann nur durch die Begrenzung der Freiheit des anderen gesichert werden. Hier zeigt sich die in jüngeren rechtswissenschaftlichen Debatten besonders betonte *soziale Bezogenheit* von Freiheit: In Gemeinschaft kann die individuelle Freiheit prinzipiell nicht ohne die des Gegenübers gedacht werden. Freiheit steht von vornherein *in Relation* zur Freiheit der anderen.[9] Damit tritt auch die Aufgabe des Staates klar zu Tage: Der Staat hat die Pflicht zur Gewährleistung von Freiheit – und zwar einer Freiheit, die die anderen einbezieht. Im Staat sollen klare Regeln des Miteinanders gelten, die notfalls seitens staatlicher Akteure mit Zwang durchgesetzt werden. So wird abgesichert, dass eine theoretisch angenommene Freiheit auch real gelebt werden kann. Kant erkennt, dass die Rechtsposition des Einzelnen ohne ein staatliches Gewaltmonopol grundsätzlich ungesichert bleibt. Eben diese Rechtsunsicherheit kann nur behoben werden, wenn «jedem das, was für das Seine anerkannt werden soll, *gesetzlich* bestimmt, und durch hinreichende *Macht* (die nicht die seinige, sondern eine äußere ist) zu Teil wird».[10] Nach Kant kommt jedem Einzelnen die Freiheit als sein angeborenes Recht zu, und zwar im Sinne der «Unabhängigkeit von eines anderen nötigender Willkür».[11] Der Zweck des Staates richte sich vor diesem Hintergrund darauf, Freiheit allgemein zu verwirklichen.

Dabei erweist es sich als durchaus komplexes Unterfangen, staatliche Machtbefugnisse so auszugestalten, dass der Spagat gelingt: Der Staat soll individuelle Freiheit absichern, darf die hierfür benötigte Hoheitsgewalt aber nicht zu weit ausdehnen, um nicht die Freiheit der Bürger selbst verkümmern zu lassen. Um den Staat zu bändigen, haben sich mittlerweile verschiedene rechtsstaatliche Prinzipien entwickelt, von denen insbesondere die Gewaltenteilung zwischen der Verwaltung (Exekutive), der rechtsprechenden Gewalt (Judikative) und dem Gesetzgeber (Legislative) eine hervorgehobene Bedeutung einnimmt. Die Aufgabe der hoheitlichen Gewalt in einem freiheitlichen Rechtsstaat lässt sich mit der Kurzformel beschreiben, die *größtmögliche Freiheit aller* zu gewährleisten. Bereits im Naturzustand offenbart sich der potenzielle Konflikt, der immer dann entsteht, wenn Menschen aufeinandertreffen. An diesem Befund ändert sich durch die bloße Gründung einer staatlichen Gemeinschaft nichts. Jedoch ermöglicht dieser Schritt eine koordinierte Ausbalancierung und Absicherung individueller Freiheitssphären. Diese Überlegung verbirgt sich hinter dem nicht zuletzt juristischen Begriff der *Verhältnismäßigkeit.*[12] Wird die Freiheit einer Person eingeschränkt, muss diese Einschränkung einem rechtmäßigen Zweck dienen – zum Beispiel dem Gesundheitsschutz anderer. Zugleich muss die Freiheitsbeeinträchtigung zur Erreichung dieses Zwecks nicht nur geeignet und erforderlich sein, sondern auch *angemessen.* Im Rahmen der Angemessenheit werden widerstreitende Freiheitssphären gegeneinander abgewogen und in Einklang miteinander gebracht.

Die Abwägung im Rahmen der Verhältnismäßigkeitsprüfung ist freilich nicht immer einfach. Die Dinge liegen selten eindeutig – so lässt sich schon nicht sagen, dass der Lebensschutz *immer* überwiegt. Unter Juristen findet sich hierzu der Lehrsatz: «Das Leben ist nicht abwägungsfest.» Gemeint ist, dass auch das Leben in die Waagschale einer Güterabwägung geworfen werden kann – und dies mit offenem Ausgang. Der Lebensschutz gilt nicht absolut. Anderenfalls müssten selbst «schlimmste technokratisch-totalitäre Gegenmaßnahmen [...] für verfassungsrechtlich geboten» erachtet werden.[13] Dabei wird die Schwierigkeit einer jeden Verhältnismäßigkeitsprüfung noch weiter dadurch vertieft, dass die Gewichtung von Freiheitsrechten ebenso wie die Bewertung ihres Hierarchieverhältnisses nicht vollständig losgelöst von individuellen Anschauungen desjenigen ist, der die Abwägung vornimmt. Gemeint ist, dass die Frage, wie zwei einander widerstreitende Interessen miteinander in einen angemessenen Ausgleich gebracht werden können, mitunter von Person zu Person unterschiedlich beantwortet wird. Eine gewisse Objektivität lässt sich hier zwar dadurch erreichen, dass man sich um eine Übereinstimmung mit vergleichbaren Abwägungsentscheidungen in der Vergangenheit bemüht. Allerdings sind auch diese nicht in Stein gemeißelt. Gesellschaftlich vorherrschende Anschauungen können sich über die Zeit mitunter ganz erheblich verändern. Dies hat in aller Regel Einfluss darauf, wie Güterabwägungen vorgenommen werden, weshalb sich eine statische Orientierung an früheren Wertungen als problematisch erweist, sollten diese nicht länger zu den mittlerweile in der Gesellschaft mehrheitlich akzeptierten Überzeugungen passen. Zugleich ist es alles andere als unproblematisch, Wertentscheidungen zu verändern, die bislang von einem breiten gesellschaftlichen Konsens getragen wurden. Das Risiko besteht hier darin, dass Reformen zu früh erfolgen, weil die Akzeptanz gegenüber der bisherigen Rechtslage noch deutlich stärker ausgeprägt ist, als dies für den einen oder anderen Reformwilligen den Anschein haben mag. Veränderungen könnten dann zu früh kommen, was Nichtakzeptanz und gesellschaftliche Konflikte provoziert.[14] Wird individuelle Freiheit stärker verkürzt als zuvor, ist daher dringend zu klären, ob diese Entwicklung gesellschaftlich tatsächlich so gewollt ist.

Wovor man sich mehr zu fürchten hat: Der vorsorgende Staat oder die Freiheit zum Konflikt

Individuelle Freiheit und staatliche Souveränität stehen vor diesem Hintergrund nicht bloß in einem allzu simplen Konkurrenzverhältnis. Der Rechtswissenschaftler Christoph Möllers sieht «das ungelöste Problem jeder liberalen Theorie» in der Klärung der Frage, «wovor man sich mehr zu fürchten hat: vor den anderen, die uns nach dem Leben trachten, oder vor der politischen Gewalt, die sie in Schach halten soll.»[15] Das Zitat bringt die Ambivalenz der Beziehung von individueller Freiheit und staatlicher Souveränität treffend zum Ausdruck. So wäre die Annahme falsch, dass die Ausweitung staatlicher Machtbefugnisse allein die Konsequenz aufweist, dass persönliche Freiheit schrumpft. Im Gegenteil bedarf es gerade des Staates – und zwar eines funktionierenden Staates –, um individuelle Freiheitsausübung zu ermöglichen. Wie wir gesehen haben, sind die Menschen in einem gedachten Naturzustand der menschlichen Koexistenz ohne staatliche Ordnung der Idee nach grenzenlos frei. Weil es an allgemein verbindlichen Regeln für das Miteinander wie auch einer Instanz zu deren Durchsetzung fehlt, kann der Einzelne im Grunde tun und lassen, was er möchte. Allerdings erweist sich diese Freiheit als mehr oder weniger wertlos. Wer vor tödlichen Angriffen durch seine Mitmenschen nicht sicher sein kann, lebt sein Leben in offenem Misstrauen und innerhalb der Schranken, die er sich selbst zum Schutz vor gewalttätigen Übergriffen setzt. Die Angst vor der Willkür des Stärkeren führt dazu, dass sich der Mensch im Naturzustand mehr und mehr selbst einkerkert. Dies gilt sogar für den jeweils Stärksten, der auf seine Unanfechtbarkeit niemals ganz vertrauen kann.

Der Staat übernimmt damit eine freiheitsgewährleistende Funktion. Er schafft einen Raum, in dem Freiheit real ausgeübt werden kann. Die Basis dafür ist *Vertrauen*. Die Individuen, die sich zu einer Gemeinschaft zusammengeschlossen haben, vertrauen darauf, dass alle Vertragsparteien – also alle Bürger – die gemeinsamen Regeln achten und ihnen grundsätzlich Folge leisten. Weil der Staat als Garant dafür auftritt, die Wahrung der Regeln in der Praxis zu überwachen und notfalls durchzusetzen, wird dieses Vertrauen real abgesichert. In diesen Aufgabenbereich fällt grundsätzlich auch die staatliche Risikovorsorge. Das zeigt sich beispielsweise im Bereich des Strafrechts. Gewalttaten wie Körperverletzungen, Nötigungen oder Diebstähle behindern die individuelle Freiheitsausübung der Betroffenen erheblich. Es bedarf daher eines Instruments, das eine gesicherte Basis dafür schafft, auf die Normtreue anderer zu vertrauen. Dem steht nicht entgegen, dass dieses Vertrauen in der Praxis in Gestalt der realen Begehung von Straftaten immer wieder enttäuscht wird. Als Institution erfüllt das Strafrecht gleichwohl seinen guten Sinn, da es die Stabilität der gemeinsamen Regeln – wie zum Beispiel des Diebstahls- oder Tötungsverbots – klar symbolisiert und dennoch Normverstöße erfolgreich ahndet.

Zur Risikovorsorge gehört neben den Ver- und Geboten, bei denen das Strafrecht Verstöße ahndet, der gesamte Bereich der staatlichen Gefahrenabwehr. Dazu zählen Platzverweise erteilende Polizeibeamte ebenso wie Bauaufsichtsbehörden, die Vorgaben für die Instandhaltung von Gebäuden machen. In die Rubrik der rechtlichen Risikovorsorge fällt außerdem der Fall, in dem Bürgern die Pflicht auferlegt wird, in Bussen und Bahnen aus Gründen des Infektionsschutzes eine Mund-Nase-Bedeckung zu tragen oder ihre Kinder nicht in die Schule zu schicken. Ebenso geht es um die Prävention von Risiken, wenn gesetzliche Vorgaben dafür gemacht werden, wie ein Atomkraftwerk betrieben oder Arzneimittel in den Verkehr gebracht werden dürfen. In all diesen Fällen geht es darum, dass der Staat durch seine Gesetze und sonstigen Maßnahmen dafür sorgt, eine möglichst ungestörte Freiheitsausübung der Bürger zu gewährleisten. Immer dann, wenn der Staat diese Aufgabe an sich zieht, erübrigt sich private Risikovorsorge zu einem relevanten Anteil. Werden randalierende Betrunkene durch einen Ordnungsbeamten des Marktplatzes verwiesen, müssen sich Familien mit Kindern nicht selbst auf den Weg nach Hause oder andernorts hin machen, um sich vor möglicher Gewalt zu schützen. Gelten bestimmte Regeln für die Zulassung von Arzneimitteln, können Bürger diese konsumieren, ohne bestimmte eigene Schutzvorkehrungen zu treffen – wie etwa Recherchebemühungen darüber, ob das Medikament von anderen Menschen vertragen wurde usw.

Das kleine Beispiel aus dem arzneimittelrechtlichen Kontext offenbart zugleich, wie bedeutsam staatliche Risikovorsorge in vielen Lebensbereichen ist: Ohne den Staat wäre oftmals eine bestimmte Freiheitsausübung schon deshalb nicht möglich, weil der Einzelne nicht über die Möglichkeiten verfügt, potenzielle Risiken so weit auszuschließen, dass er unbesorgt agieren kann. Wie sollte ein einzelner Bürger überprüfen, ob ein Medikament bedenklich ist? Oder: Wie soll er wissen, ob der Betrieb eines Atomkraftwerks so sicher erfolgt, dass ein Wohnen in der Nähe nicht zum waghalsigen Unterfangen avanciert? Die dafür erforderlichen Schritte können von staatlichen Akteuren deutlich erfolgreicher koordiniert und vollzogen werden. Ohne staatliches Eingreifen würden die meisten Menschen in diesen Fällen vor der Aufgabe individueller Risikovorsorge kapitulieren und dann im Zweifel von ihrer Freiheit gar keinen Gebrauch machen (also z. B. ein bestimmtes Medikament schlicht nicht einnehmen, obwohl es ihnen helfen könnte). Hier sehen wir ganz deutlich: Mitunter ist es erst die staatliche Risikovorsorge, die Räume der Freiheitsausübung schafft. Insbesondere hochkomplexe Risikobereiche bedürfen einer staatlichen Kontrolle, da einzelne Bürger weder die Möglichkeiten noch das Wissen haben, um ein auch nur ansatzweise vergleichbares Niveau der Risikovorsorge herzustellen. Staatliche Risikovorsorge ist in vielen Fällen deutlich effizienter als private.

Allerdings greifen neue Ge- und Verbote, die Risiken regulieren, stets in verschiedener Hinsicht in die individuelle Freiheit ein. Dieser Zusammenhang spielt eine große Rolle, wenn es darum geht, wie die Rechtslage infolge verstärkter Vulnerabilität in jüngerer Zeit umgestaltet wurde. Bürger, die sich selbst und andere zunehmend und besonders weitreichend als vulnerabel begreifen, wünschen sich mehr Schutz durch den Staat und opfern dabei mehr oder weniger große Teile ihrer Freiheit. Dies gilt in zumindest zweifacher Hinsicht: *Erstens* ergibt sich eine Freiheitsverkürzung durch staatliche Risikovorsorge aus der Allgemeinverbindlichkeit der neuen Vorschrift. Eine «Maskenpflicht» im öffentlichen Personennahverkehr sorgt dafür, dass die Freiheit, keine Mund-Nasen-Bedeckung in der Bahn zu tragen, beschnitten wird. Dies ist fortan nicht länger erlaubt. Das Verbot gilt für jedermann in gleicher Weise. *Zweitens* bewirkt staatliche Risikovorsorge, dass ein Quantum individueller Selbstverantwortung verloren geht. Hierin liegt ein eigenständiger Freiheitsverlust. Vor dem Erlass einer rechtlichen Pflicht zum Maskentragen in der Bahn liegt es im freien Ermessen eines jeden Bürgers, ob er sich entsprechend verhält. Bis dahin liegt es in seiner Verantwortung, zu entscheiden, wieviel Fremd- bzw. Selbstschutz er zu leisten bereit ist.

Zu einem weiteren Beispiel für diesen nicht ganz einfachen Zusammenhang: Ordnungsbehördlich erlassene Verbote, baufällige Gebäude zu betreten oder in gefährlichen Gewässern zu schwimmen, beschneiden die Freiheit, sich selbst dem jeweiligen Risiko auszusetzen. Zwar kann sich im Grunde jeder über die Verbote hinwegsetzen. Ein baufälliges Gebäude kann weiterhin betreten werden und auch das Schwimmen in gefährlichen Gewässern bleibt möglich, solange nicht von staatlicher Seite unüberwindliche Hürden (hohe Zäune, kontrollierende Beamte) errichtet werden. Diese tatsächliche Möglichkeit ändert aber nichts daran, dass die *Entscheidungsfreiheit* des Bürgers durch das Verbot beschnitten wird. Denn er kann sich von nun an nicht mehr für ein *legales* Betreten von Gebäuden oder Gewässern entscheiden, für die dies verboten ist. Dabei sei zugestanden, dass den meisten Menschen weder der Aufenthalt in einem baufälligen Gebäude noch das Baden im reißenden Strom als besonders wertvolle Freizeitbeschäftigung erscheinen mag. Für die juristisch nüchterne Betrachtung kommt es auf diesen Aspekt allerdings nicht an, zumal durchaus Konstellationen denkbar sind, in denen es für den Einzelnen noch einen Wert haben kann, solch gefährliches Verhalten auszuüben: z. B. wenn er sich beim Baden lediglich am Rand des Gewässers aufhält, wo ihn keine gefährliche Strömung bedroht. Des Menschen Wille ist sein Himmelreich – juristisch ist in all diesen Fällen unabhängig von der «Vernünftigkeit» des jeweiligen Verhaltens klar, dass Verbote eine bis dahin vorhandene Freiheit beschneiden.

Freiheit kann allerdings noch in einer *dritten* Dimension durch staatliche Risikovorsorge beschnitten werden. Vorausgesetzt dafür ist es, dass sich auch hier die staatliche Maßnahme direkt auf menschliches Verhalten bezieht. Das ist zum Beispiel dann der

Fall, wenn gesetzliche Verbote erlassen werden, eine bestimmte Art der Handlung zu vollziehen. Die Freiheitsdimension, die neben dem bereits Gesagten hier betroffen ist, liegt in der Möglichkeit, mit anderen Menschen *Konflikte zu haben* und *auszutragen.* Staatliche Risikovorsorge führt dazu, dass zwischenmenschliche Konflikte aufgehoben – *entpersonalisiert* – werden. Das reduziert Freiheit, weil die Landkarte menschlicher Interaktion verengt wird.

Weshalb? Dehnt eine Person ihre eigene Freiheit zulasten einer anderen Person aus, kann dies einen Konflikt begründen. Dies ist immer dann der Fall, wenn der davon Betroffene mit diesem Vorgang nicht einverstanden ist. Ein Beispiel liefert der Nachbar, der an seiner Grundstücksgrenze eine hohe Mauer errichtet und dadurch einen so großen Schattenwurf verursacht, dass fortan das Haus des angrenzenden Grundstückeigentümers auch am Tag im Dunkeln liegt. Für diese Situation gibt es rechtliche Regeln. Selbst auf dem eigenen Grundstück darf nicht alles getan werden, was man sich wünscht. Gesetze, die diesen potenziellen Streit regeln, antizipieren die Konfliktsituation und führen sie einer Lösung zu. Wie diese Lösung aussieht, orientiert sich am Ergebnis eines demokratischen Verfahrens zur Klärung solcher Fälle. In unserem Nachbarstreit ist das Recht also bereits auf den Plan getreten. Es verengt damit den Raum für private Konfliktlösungsversuche. Dies mag den meisten nicht als bedeutsamer Verlust von Handlungsfreiheit vorkommen: Worin soll der Vorteil liegen, sich persönlich mit dem sturen Nachbarn auseinanderzusetzen? Viele werden es als großen Zugewinn an Lebenszufriedenheit begreifen, derartige Streitigkeiten nicht außerhalb eines sicheren rechtlichen Bodens austragen zu müssen. Als Bürger kann man sich in dieser Situation mehr oder minder zurücklehnen und muss bloß den Impuls dafür geben, dass die rechtlich vorgesehene Konfliktlösung in Gang gesetzt wird. Sicherlich: Auch dies erweist sich in der Praxis nicht immer als reibungslos. Im Prinzip aber gibt das Recht einen gangbaren Weg vor, den die Beteiligten bloß einzuschlagen brauchen.

Es kann also Gründe dafür geben, Risikovorsorge in die Hände des Staates zu überführen. Ob solche Vorsorgeregelungen gut oder schlecht sind, kann an dieser Stelle offenbleiben. Was zählt, ist der Befund, dass staatliche Konfliktlösung individuelle Freiheit beschneidet, weil auf diese Weise Möglichkeiten zur privaten Konfliktbeilegung verloren gehen. Zwar können sich die Nachbarn dafür entscheiden, ihren Streit nicht mit den Mitteln des Rechts zu führen. Dass es aber einen Lösungsweg gibt, den das Recht klar vorzeichnet, wirkt sich unweigerlich auf die Option aus, sich davon losgelöst zu einigen. Die individuelle Gestaltungsmöglichkeit in Bezug auf den jeweiligen Konflikt ist bereits dadurch berührt, dass das Recht einen bestimmten Weg gleichsam als Muster vorgibt. Noch weiter geht die Beschneidung individueller Freiheit zur privaten Konfliktlösung in unserem früheren Beispiel des Gebots, zu Pandemiezeiten in öffentlichen Verkehrsmitteln eine Maske zu tragen. Besteht eine solche gesetzliche Pflicht, muss sie im Konfliktfall mit Zwang durchgesetzt werden – notfalls dadurch, dass der Maskenverweigerer nicht befördert wird. Man kann dann zwar noch streiten – je nach Vorliebe über die Sinnhaftigkeit des Maskentragens im Allgemeinen oder eher die Umsetzung der Pflicht im Besonderen. Jedoch ist der Ausgang der Debatte angesichts der geltenden Rechtslage geklärt, was jedweder individuellen Gestaltungsmöglichkeit im Hinblick auf die konkrete Konfliktlösung das Wasser abgräbt: Weder andere Fahrgäste noch die Angestellten der öffentlichen Verkehrswerke oder der Bahn sind befugt, Einzelne von der Maskenpflicht zu befreien. Anders gesagt: Eben weil die Konfliktlösung rechtlich bereits vorgegeben ist, wird der Anschein erweckt, als gäbe es hier eigentlich keinen Konflikt, den die Parteien austragen könnten (und vielleicht auch austragen sollten), sondern eigentlich nur ein Problem des Gehorsams oder eine Schwierigkeit der Durchsetzung. Die *soziale Freiheit zum Konflikt* wird eingeschränkt.

Noch deutlicher wird der Verlust privater Räume der Konfliktlösung in den Bereichen der staatlichen Risikovorsorge, die mit einem Sanktionssystem kombiniert werden. Paradigmatisch ist dafür das Strafrecht. Werden Straftaten begangen, setzt dies einen gesetzlich klar vorgeschriebenen Mechanismus in Gang, an dessen Ende für den Fall, dass eine Straftat nachgewiesen werden kann, ein Schuldspruch steht. Straftaten sind in unserem Rechtssystem keine Privatangelegenheit, was die Grenzen persönlicher Konfliktbeilegung in diesem Bereich denkbar eng fasst. Dafür sprechen natürlich gute Gründe. Gerade weil die Taten häufig hohes Leid bei den Opfern und stark negative Gefühle wie Wut, Rache und Verzweiflung bei Dritten verursachen, erweist sich die staatliche Konfliktlösung bei Straftaten als besonders wichtig. Würde der Staat sich der Angelegenheiten nicht annehmen, könnte es schlimmstenfalls zu nicht enden wollenden «Privatfehden» kommen, die die gesamte Gesellschaft in Mitleidenschaft ziehen. Ganz unabhängig davon, dass das Strafrecht eine sinnvolle Funktion erfüllt, steht gleichwohl der Befund, dass das staatliche Monopol zur Lösung von Konflikten, die durch Straftaten ausgelöst werden, dazu führt, dass private Räume der Streitbeilegung beschnitten, wenn nicht ganz verschlossen werden. Diese Dimension individueller Freiheit wird durch das staatliche Risikomanagement aufgehoben.

Staatliche Risikovorsorge in der vulnerablen Gesellschaft

Unsere bisherige Analyse hat ergeben, dass staatliche Risikovorsorge das Ausleben von Freiheit mitunter erst ermöglicht. Dies geht allerdings zwangsläufig mit der Beschneidung individueller Freiheit einher. Verlangt also der Mensch zunehmend nach staatlicher Unterstützung zur Sicherung seiner Rechtspositionen, führt dies unweigerlich dazu, dass sich bisherige Freiheitsräume schließen. *Erstens* geht dem Bürger Handlungsfreiheit verloren, weil er sich nun an bestimmte allgemein verbindliche Gesetze halten muss, die es bislang nicht gab. *Zweitens* verliert der Einzelne infolge staatlicher Risikovorsorge einen Teil seiner Eigenverantwortung. Und *drittens* gehen ihm auf diese Weise Räume privater Konfliktlösung verloren.

Die Rolle des Staats als Beschützer vor Risiken ist allerdings ambivalent. Vor allem bei besonders komplexen und für Einzelne kaum kontrollierbaren Risiken wäre Freiheitsausübung ohne staatliche Intervention gar nicht denkbar. Aus Angst vor den Risiken würden die Bürger von ihrer Freiheit gar keinen Gebrauch machen. Eben diesen Effekt zeitigen manche Ausweitungen des Strafrechts. Wenn beispielsweise das Beleidigungsstrafrecht zugunsten des Ehrschutzes marginalisierter Gruppen erweitert wird, kann dies ein erhöhtes Sicherheitsgefühl der diesen Gruppen zugehörigen Personen nach sich ziehen. Das kann zur Folge haben, dass Freiheitsräume, die bislang aus Furcht vor beleidigenden Äußerungen Dritter gemieden wurden, nunmehr genutzt werden. Freiheit wird dadurch real lebbar.

Wenn aber staatliche Risikovorsorge gerade zur Konsequenz haben kann, dass von Freiheit Gebrauch gemacht wird, die vorher für den Einzelnen nur in der Theorie bestand – ist dann die Rede von individuellen Freiheitsverlusten in vulnerablen Gesellschaften überhaupt berechtigt? Oder unterliegt die von mir formulierte These, dass mehr Vulnerabilität bei staatlicher Risikovorsorge zu weniger individueller Freiheit führt, einem folgenschweren Missverständnis? Staatliche Risikovorsorge macht Freiheitsausübung manches Mal erst möglich. Selbst wenn also in der Theorie bereits vorher die Möglichkeit bestand, von dem jeweiligen Freiheitsinteresse Gebrauch zu machen, läuft diese Rechtsposition am Ende leer, wenn sie an realen Gegebenheiten scheitert, die ihre Ausübung verunmöglichen. So ließe sich fragen, welchen Wert die Freiheit hat, ein Medikament zur Heilung der eigenen Krankheit einzunehmen, wenn dessen Unbedenklichkeit nicht hinreichend gesichert werden kann? Ebenso führen «Räume der Angst» praktisch dazu, dass der Idee nach vorhandene Freiheiten real ungenutzt bleiben. Die Angst löst Vermeidungsstrategien aus, wofür sich zahlreiche Beispiele finden lassen: Frauen, die aus Angst vor Überfällen ihre Laufwege an gut ausgeleuchteten und offen einsehbaren Wegen ausrichten bzw. ein Taxi anstelle der Straßenbahn für den Heimweg wählen; oder Transgender-Personen, die sich in der Öffentlichkeit in ihrem biologischen Geschlecht zeigen, um keine Anfeindungen der Umwelt zu erfahren. Am Ende gleichen diese Situationen zu einem gewissen Maß dem hobbesschen Naturzustand: Aus Angst vor der Willkür des anderen bleiben theoretisch mögliche Handlungsoptionen ungenutzt. Betroffene könnten daher in etwa so argumentieren: Solange der Staat nicht mehr tut zum Schutz vor Risiko X, Y, Z, kann die entsprechende Freiheit auch nicht genutzt werden – in Bezug auf dieses Risiko herrsche ein *Naturzustand im Staat* fort.

Wir sind damit bei der Frage angelangt, ob staatliche Risikovorsorge tatsächlich für *alle* Gesellschaftsmitglieder Freiheitsverluste nach sich zieht – oder ob nicht zumindest für diejenigen anderes gilt, die durch die staatliche Maßnahme darin unterstützt werden, von einer bislang nicht ausgelebten Freiheit real Gebrauch zu machen. Allerdings bleibt es dabei, dass auch der Vulnerable infolge staatlicher Regulierung zum Schutz vor Risiken Freiheitseinschnitte in den drei dargelegten Dimensionen hinnehmen muss: Er muss sich erstens wie alle anderen an die neuen Gesetze halten und ist insoweit in seiner Handlungsfreiheit eingeschränkt. Handelt es sich um ein neues Strafgesetz, kann er wie jeder andere danach bestraft werden, sollte er einmal eine Verhaltensweise an den Tag legen, die unter den gesetzlichen Straftatbestand fällt. Darüber hinaus verliert er zweitens Selbstverantwortung – ob er sie nun haben möchte oder nicht. Der durch die neue Regelung Geschützte kann sich wie jeder andere infolge der neuen Gesetzeslage nicht länger selbstverantwortlich im Hinblick auf das jeweilige Risiko verhalten. Die staatliche Intervention modifiziert das Risiko – es wird dadurch ein *geringeres*. Der Vulnerable kann sich dann – wie jeder andere – nur noch dem *verminderten* Risiko aussetzen. Der hierin liegende Verlust ist nicht nichts: Dem Einzelnen gehen auf diese Weise Möglichkeiten der Selbstwirksamkeit verloren. Er gibt Kontrolle ab und ist nicht mehr dazu in der Lage, das jeweilige Risiko *selbst* zu bewältigen. Dies gilt auch dann, wenn das Risiko für den Betreffenden allem Anschein nach kaum bewältigbar ist – weil ihm dafür etwa die Mittel und das Wissen fehlen oder er die Konflikte mit anderen Menschen besonders fürchtet. Dennoch gab es für ihn vor der staatlichen Risikovorsorge einen individuellen Umgang mit diesem Risiko – und wenn dies nur bedeutete, dass besondere Eigenschutzmaßnahmen ergriffen oder das Risiko jedenfalls zum Teil in Kauf genommen wurde. Und drittens geht dem Vulnerablen, der die Risikomaßnahme zum Schutz von sich und anderen wünscht, seinerseits die Freiheit verloren, potenzielle Konflikte mit anderen, die für ihn risikoreich sind, in Eigenregie zu lösen. Auf diese Weise wird ihm wiederum eine mögliche Selbstwirksamkeitserfahrung genommen, die eine nicht zu unterschätzende Freiheitsdimension ausmacht.

Damit lässt sich festhalten, dass wachsende Vulnerabilitätsannahmen, denen mit staatlichen Mitteln Rechnung getragen wird, ein und denselben Effekt auf die individuelle Freiheit der Gesellschaftsmitglieder haben – egal, welcher Gruppe sie zugehörig sind. Vulnerabilitätszuschreibungen führen zu weniger Freiheit, wenn staatliche Maßnahmen ergriffen werden, um vulnerable Personen stärker als bislang zu schützen. Insofern bestätigt sich die zu Beginn formulierte These, dass es bei gegenwärtigen Debatten der gesellschaftlichen Risikovorsorge bzw. der Herstellung innergesellschaftlicher Gerechtigkeit gerade nicht darum geht, Freiheit verschiedener Gesellschaftsmitglieder lediglich anders als bislang zu *verteilen*. Etwaige Kulturkämpfe zum Beispiel über die Rechte von Minderheiten verlaufen entgegen eines weitläufigen Missverständnisses entlang einer anderen Grenze. Bei genauer Betrachtung geht es im Kern nicht darum, ob die Freiheit des einen zugunsten der Freiheit des anderen eingeschränkt wird. Immer dann, wenn staatliche Maßnahmen ergriffen werden, um Freiheit neu zu vermessen, geht dies nämlich auf Kosten der individuellen Freiheit *aller*. Die kulturkämpferische Linie verläuft also an der Grenze zwischen Freiheit und Sicherheit, wobei Sicherheit hier als Synonym steht für einen gesellschaftlichen Zustand, in dem *allen* weniger Freiheit gewährt wird als zuvor. Nicht die Freiheit einer Gruppe wird zugunsten eines Freiheitszugewinns der anderen Gruppe beschnitten. Richtigerweise muss es heißen, dass die Freiheit *aller* zugunsten der Freiheits*auslebung* einiger und zugunsten des Befugniszugewinns des Staates beschnitten wird. Die Einsicht zeigt, wie relevant der Faktor der Vulnerabilitätsannahmen ist: In Debatten darüber, wie Freiheit «aufgeteilt» werden soll, sollte unbedingt einbezogen werden, dass staatliche Maßnahmen zum Schutz vulnerabler Gruppen freiheitsrechtliche

Negativposten *auf allen Seiten* hinterlassen. Dies gilt gerade auch für die Vulnerablen – eine Erkenntnis, die für gegenwärtige und künftige Debatten von Bedeutung sein dürfte.

Vor diesem Hintergrund stellt sich nun die Frage, wie die Risikovorsorgemaßnahmen genauer aussehen, die sich Menschen vom Staat wünschen, deren Selbst- und Fremdbild in besonderem Maße durch das Leitmotiv der Vulnerabilität geprägt ist? Im Grundsatz lassen sich zwei Typen von Risiken unterscheiden, mit denen Gesellschaften konfrontiert sein können. Die *erste Gruppe von Risiken* betrifft die wirklich *neuen* Gefährdungen. Solche gehen zum Beispiel mit technischen Innovationen einher: Die Entwicklung der Atomenergie, Fortschritte im Bereich der biomedizinischen Forschung (reproduktives Klonen, Keimbahntherapie) oder die Digitalisierung schaffen neue Möglichkeiten, aber eben auch neue Risiken. Hierauf muss die Gesellschaft eine Antwort finden. Es liegt nahe, dass das Maß an Vulnerabilität, das die Gesellschaftsmitglieder einander zuschreiben, ausschlaggebend dafür ist, wie umfangreich auf neue Risiken reagiert wird. Tendenziell reagieren vulnerable Gesellschaften auf bislang unbekannte Risiken stärker protektiv. Um die mit den Neuerungen einhergehenden Gefahren abzuwehren, wird also besonders tief in den Werkzeugkasten der staatlichen Risikovorsorge gegriffen. Das ist der Grund, weshalb mahnende Stimmen mit Blick auf Gesetze zur Regulierung neuartiger Risiken mitunter vor einer «Überregulierung» oder gar einem «Präventionsstaat» warnen.

Bei der *zweiten Risikogruppe* handelt es sich um solche, die seit längerer Zeit bekannt sind. Anhand dieser Risiken lässt sich besonders gut zeigen, wie vulnerable Gesellschaften durch ihr Risikomanagement eine freiheitliche Selbstlimitierung vollziehen. Im Umgang mit längst bekannten Risiken offenbart sich der gravierende Einfluss, den verstärkte Vulnerabilitätszuschreibungen auf die individuelle Freiheit haben. Besondere Vulnerabilität geht mit besonderer Sensibilität Hand in Hand, sodass neue Quellen möglicher Verletzungen entdeckt werden. Dies führt dazu, dass mitunter lange Zeit Bekanntes mit neuen Augen gesehen wird. Die Einschätzung eines Ereignisses als Risiko ist offen für Interpretationen. Daher kann es vorkommen, dass ein bestimmtes Phänomen *erstmals* durch die Mitglieder einer vulnerablen Gesellschaft als Risiko eingestuft wird. Hieran schließt sich unmittelbar die Frage an, ob auf das Risiko vorbeugend reagiert werden muss. Wer sich selbst in erster Linie als vulnerabel begreift, neigt dazu, Risiken mit Vorsorgemaßnahmen zu beantworten – und dabei gerade auch die Verantwortung des Staates zu deren Umsetzung zu betonen. Und auch hinsichtlich Risiken, für die die Gesellschaft bereits Schutzmaßnahmen bereithält, kann ein Nachbesserungsbedarf angemeldet werden. In der Tendenz kommt es dann zu einer Verschärfung der bisherigen Sicherheitsarchitektur. Weil bekannte Risiken «ernster» genommen werden, fährt die vulnerable Gesellschaft auch dahingehend ihre Schutzvorkehrungen hoch.

Man kann also sagen, dass die Landkarte der Risiken infolge verstärkter Vulnerabilität neu vermessen wird. Sie dehnt sich nicht bloß in die Breite aus, sondern erhält ganz neue Schattierungen, die bislang kaum sichtbare Risiken in den Fokus rücken. Dies hat unmittelbaren Einfluss auf die individuelle wie gesellschaftliche Freiheitsbilanz: Bislang gelebte Freiheit wird dann als unannehmbares Risiko ausgeflaggt, auf das von staatlicher Seite zu reagieren sei, damit eben jene Freiheit überhaupt erst wieder ausgeübt werden könne. Hier zeigen sich die in vulnerablen Gesellschaften zu verzeichnenden Freiheitseinbußen in besonderer Deutlichkeit. Die staatliche Risikovorsorge richtet sich nämlich auf Gefährdungen, die bis dahin als «allgemeines Lebensrisiko» akzeptiert wurden. Sie wurden also im Verantwortungsbereich und damit bei der individuellen Freiheit des Einzelnen verortet. Infolge gewachsener Vulnerabilitätszuschreibungen tritt nun aber eine Zäsur ein, die dazu führt, dass Freiheitssphären an den Staat abgetreten werden. Was eben noch ins Private gehörte, wird zur staatlichen Angelegenheit. Hier werden also Freiheitsräume «zurückerobert», die der Sache nach bereits bestanden – bis zu dem Moment der Neubewertung des darin schlummernden Risikos. Das Bedürfnis nach staatlichem Handeln entsteht also nur deshalb, weil vorher im Wege der Uminterpretation eigentlich vorhandene Freiheitssphären beschnitten wurden. Dies erfolgt aber um den Preis des Verlusts individueller Selbstverantwortung, privater Konfliktlösungsmöglichkeiten und nicht zuletzt von Handlungsfreiheit, die durch Rechtsnormen eingeschränkt wird – und zwar *aller* Gesellschaftsmitglieder und damit gerade auch der Vulnerablen.

3
Das Recht auf dem Weg in die vulnerable Gesellschaft

Dass es bereits vielfach zu Begrenzungen der individuellen Freiheit infolge zunehmender Vulnerabilitätsannahmen gekommen ist, zeigt die Rechtsentwicklung der jüngeren Zeit. Anhand verschiedener Beispiele möchte ich in diesem Kapitel veranschaulichen, wie sich das Recht mehr und mehr den Bedürfnissen einer gesteigerten Vulnerabilität angleicht und in dieser Absicht umgestaltet wird. Dabei sei erneut daran erinnert, dass mit dieser Analyse keine irgendwie geartete *Bewertung* verbunden ist. Ob sich neue bzw. geänderte Vorschriften als angemessen erweisen, ist von Fall zu Fall zu entscheiden. In diesem Buch soll darauf keine Antwort gegeben werden. Mein Anliegen besteht vielmehr darin, einige der zahlreichen Spuren offenzulegen, die Vulnerabilitätsannahmen bereits in der geltenden Rechtslage hinterlassen haben. Auf dieser Basis erscheint es mir gerechtfertigt, die gegenwärtige Gesellschaft als eine *vulnerable* zu qualifizieren.

Die neue Verletzlichkeit der Ehre

Der Schutz der Ehre ist Bestandteil des deutschen Strafrechts. Dabei versteht sich der schillernde Begriff der Ehre in der höchstrichterlichen Rechtsprechung als Schutzgut des allgemeinen Persönlichkeitsrechts.[1] Sie ist Ausdruck des allgemeinen Achtungsanspruchs des Menschen innerhalb der Gemeinschaft.[2] Ehre kommt jedem Menschen als «Träger geistiger und sittlicher Werte» zu.

«Kern der Ehrenhaftigkeit des Menschen ist die ihm unverlierbar von Geburt an zuteil gewordene Personenwürde, zu deren Unantastbarkeit sich das Grundgesetz der Bundesrepublik in Artikel 1 bekennt und deren Achtung und Schutz es ausdrücklich aller staatlichen Gewalt zur Pflicht macht.»[3] Die Regelungen des strafrechtlichen Ehrschutzes standen für lange Zeit alles andere als im Fokus des Gesetzgebers. Dies hat sich in der jüngeren Vergangenheit geändert. Anlass dafür sind nicht zuletzt die Herausforderungen, die mit einer umfangreichen und weit verbreiteten Nutzung des Internets einhergehen. Hassrede, Hate Storms und Shit Storms geschehen in den sozialen Medien in großer Anzahl und erweisen sich aufgrund der hohen Nutzerzahlen und der enormen Verbreitungsgeschwindigkeit als besonders schwerwiegend für die Opfer. Von vielen wird das Netz als Raum der Aggression wahrgenommen, in dem Hetze und Androhung von Gewalt ebenso verbreitet sind wie die Verachtung gegenüber anderen Lebensformen. Teilweise wird zur Beschreibung der Situation im digitalen Raum gar der Vergleich mit anarchischen Zuständen gewählt, um die darin anzutreffende erhebliche Diskursverrohung bei gleichzeitigen Verfolgungsdefiziten zum Ausdruck zu bringen.[4]

Der aktuelle Koalitionsvertrag der Bundesregierung begreift es als wichtiges Anliegen, Hass im Netz ebenso wie gruppenbezogene Menschenfeindlichkeit zu bekämpfen.[5] Zu diesem Zweck ist es jüngst nicht nur zum Erlass neuer, sondern auch zur Erhöhung der Strafmaße bereits vorhandener Strafvorschriften gekommen. Diese Entwicklung scheint noch nicht abgeschlossen. Insbesondere im Hinblick auf den Umgang mit digitalem Hass gegen Einzelne, aber auch Angehörige marginalisierter Gruppen sowie sexualbezogene Beleidigungen sehen nicht wenige einen gesetzgeberischen Handlungsbedarf, dem erwartungsgemäß in den nächsten Jahren durch weitere Ausdehnungen des Strafrechts nachgegeben werden könnte.

Hintergrund solcher Entwicklungen ist die Einsicht, dass sich Ehrangriffe im Netz für die Opfer häufig als besonders schwerwiegend erweisen. Hassrede erreicht hier potenziell eine kaum überschaubare Zahl an Personen. Zugleich lässt sie sich nur unter erheblichem Aufwand wieder aus dem Netz entfernen, weshalb das Opfer schlimmstenfalls noch nach Jahren damit konfrontiert ist. Dies schüchtert ein und führt schlimmstenfalls dazu, dass sich Menschen zurückziehen – zum Beispiel, indem sie in sozialen Medien ihre Meinung zurückhalten oder sich einer als dominant wahrgenommenen Mehrheit anpassen, ohne dass dies ihren eigenen Anschauungen entspricht. Derartige Self-Canceling- oder Silencing-Effekte können in einer Demokratie, die auf den freien Austausch von Meinungen gerichtet ist, nicht erwünscht sein.

Und dennoch liegen die Ursachen für die Ausdehnungen des Strafrechts im Bereich des Ehrschutzes nicht bloß in der besonderen Qualität von Ehrschutzangriffen im Netz. Sie beruhen nämlich außerdem auf grundlegenden Werteverschiebungen, wonach die Ehre als Rechtsgut gegenwärtig erheblich stärker gewichtet wird als noch vor einigen Jahrzehnten. Opfer von Ehrangriffen gelten als besonders verletzlich, was zur Folge hat, dass auch gegen sie gerichtete Straftaten härter geahndet werden. Ein Beispiel liefert die Neufassung der Vorschrift des § 188 StGB (Gegen Personen des politischen Lebens gerichtete Beleidigung, üble Nachrede und Verleumdung). Die Vorschrift wurde jüngst ausgedehnt auf den Schutz von Kommunalpolitikern. Zudem werden Straftaten nach § 188 StGB nicht länger bloß auf Antrag der verletzten Person verfolgt. Bei Vorliegen eines besonderen öffentlichen Interesses kann die Verfolgung vielmehr auf bloßes Betreiben der Staatsanwaltschaft hin ausgelöst werden.

Insbesondere die Abkehr vom alleinigen Antragsrecht des Opfers spricht dafür, dass die Änderungen des § 188 StGB nicht bloß auf die Verrohung der digitalen Kommunikation, sondern gerade auch auf gesteigerte Vulnerabilitätsannahmen zurückzuführen sind. Hier zeigt sich deutlich, wie Eigenverantwortung zugunsten staatlicher Vorsorge verdrängt wird. Im Kontext ehrverletzender Angriffe auf Politiker weiß es der Staat mittlerweile offenbar im Zweifel besser als der Betroffene. Begründet wird dies damit, dass solche Straftaten nicht bloß den einzelnen Politiker, sondern die Allgemeinheit berühren. Angriffe auf Politiker können sich negativ auf den gesamten demokratischen Prozess des freien Ideenaustauschs auswirken, insofern sie zu Selbstzensur motivieren. Allerdings war dies schon immer so. Und dass Politiker für ihre politischen Aussagen mitunter beleidigt werden, war auch vor den Zeiten des Internets alles andere als ein Geheimnis. Ohne dies rechtfertigen zu wollen, war hier also schon immer mit gewissen Self-Cancelling-Effekten zu rechnen. Es kann daher mit guten Gründen angezweifelt werden, dass es bei der gesetzlichen Neuregelung bloß darum ging, auf Veränderungen im digitalen Raum zu reagieren.

Blicken wir auf ein zweites Beispiel: Neu ins Strafgesetzbuch aufgenommen wurde die verhetzende Beleidigung (§ 192 a StGB). Die Vorschrift beabsichtigt die Ausdehnung des Schutzes vor Beschimpfungen mit Bezug auf besondere Merkmale des Opfers wie etwa dessen Religion oder ethnische Herkunft. Als Straftat erfasst ist davon beispielsweise die Zusendung von E-Mails antisemitischen Inhalts an den Zentralrat der Juden, was bislang keinen Straftatbestand erfüllte. Die Erweiterung des strafrechtlichen Ehrschutzes durch § 192 a StGB beruht auf dem Gedanken, dass Merkmale wie die nationale oder religiöse Herkunft, die Behinderung oder die sexuelle Orientierung eine Person gegenüber verbalen Attacken *besonders verletzlich* machen können. Darauf bezogene Ehrangriffe wiegen besonders schwer, weil sie geeignet sind, in der Gesellschaft vorherrschende Diskriminierungen weiter zu vertiefen. Dass dem so ist, entspricht einer Erkenntnis, die erst infolge erhöhter Sensibilität gegenüber individuellen Gefühlen und gesellschaftlichen Machtgefällen erlangt werden kann. Insofern trägt die neue Strafvorschrift des § 192 a StGB die Handschrift der Vulnerabilität. Besondere Verletzlichkeit wird beantwortet durch erhöhten staatlichen Schutz.

Die Beispiele aus dem Bereich des strafrechtlichen Ehrschutzes sind charakteristisch für das Recht einer vulnerablen Gesellschaft. Darin übernimmt der Staat Verantwortung und schafft unter anderem Gesetze, die den Einzelnen vor Konflikten bewahren sollen. Das wäre in einer weniger vulnerablen Gesellschaft anders, deren Ehrdeliktssystem etwa so aussehen könnte: Anstatt das Risiko von Silencing-Effekten durch verbale Angriffe auf Politiker oder andere Personen mit neuen Strafgesetzen zu beantworten, könnte darauf hingewiesen werden, dass individuelle Wehrhaftigkeit Grundelement einer freiheitlichen Demokratie ist, die ihre Entscheidungen nicht selten in durchaus konfrontativ geführten Diskursen trifft. Dem Bürger würde mehr Resilienz zugeschrieben mit der Folge, dass nicht jedem rechtswidrigen Angriff auf die Ehre das Potential zugeschrieben würde, den Einzelnen einzuschüchtern. Im Gegenteil könnte die Annahme vorherrschen, dass davon Betroffene einen Hate Storm als genau das einordnen, was er eigentlich ist: der Versuch, das Gegenüber gewaltsam zum Schweigen zu bringen. Die Antwort hierauf müsste nicht Rückzug lauten, sondern Gegenwehr. Der Angegriffene könnte sich «im Auge des Shit Storms» seines Rechts zur freien Meinungskundgabe *erst recht* bewusst werden und besonders auf dessen Ausübung drängen. Dem Hass würde nicht Schweigen, sondern Widerrede entgegengesetzt. Ein ähnliches Bild ließe sich von möglichen Reaktionen auf Beschimpfungen von Mitgliedern marginalisierter Gruppen zeichnen. Die Einsicht, dass sich der Angreifer bestehende gesellschaftliche Missstände zu nutzen macht, um auf dieser Welle «mitzuschwimmen», könnte beim anderen anstelle von ohnmächtiger Passivität Widerstand hervorrufen. Das Opfer könnte sich erst recht herausgefordert fühlen, für seine individuelle Lebensform einzutreten und gesellschaftliche Diskriminierungen zu bekämpfen. Das alles hieße natürlich nicht, dass die beschriebenen Angriffe straflos oder gar erlaubt wären. Der Unterschied bestünde aber darin, dass infolge der Einsicht in psychologische Effekte von Hassrede nicht unmittelbar eine Ausdehnung des geltenden Strafrechts die Folge wäre.

In den Ohren eines Menschen, der sich und andere vornehmlich als vulnerabel begreift, mag dies zynisch klingen. Silencing-Effekte lassen sich empirisch nachweisen, ebenso das Leid von Personen, die beispielsweise aufgrund ihrer Behinderung Opfer von Beschimpfungen werden. Wir haben allerdings gesehen, dass die bloße naturwissenschaftliche Nachweisbarkeit bestimmter Risiken für sich genommen nichts darüber aussagt, wie eine Gesellschaft mit ihnen umzugehen hat. Die gesellschaftliche Antwort auf Gefährdungen legt ihrer Bewertung zwar die vorhandenen empirischen Fakten zugrunde, schließt daraus aber nicht unmittelbar auf eine bestimmte Risikopolitik. Dafür muss vielmehr eine zusätzliche Überlegung angestellt werden, die einbezieht, welche Folgen die Präventionsmaßnahme für davon betroffene individuelle Freiheitsräume hat. Erst im Anschluss an eine Abwägung von Kosten und Nutzen kann entschieden werden, wie mit der jeweiligen gesellschaftlichen Herausforderung umgegangen werden soll. Im Zusammenhang mit dem strafrechtlichen Ehrschutz heißt das: Ob auf Silencing-Effekte mit einer Verschärfung des Strafrechts reagiert werden soll, kann nur beantwortet werden, wenn sämtliche betroffenen Interessen in die Entscheidung einbezogen werden – nicht zuletzt die Meinungsfreiheit. Denn Silencing-Effekte sind in beide Richtungen denkbar. Sie betreffen nicht bloß die Menschen, die Opfer eines Hate Storms werden. Selbstzensur kann nämlich gerade dann eintreten, wenn der Staat zum Werkzeug der Regulierung greift und dabei den Bereich der freien Meinungsäußerung neu vermisst. Wenn immer weniger sagbar wird, kann dies zur Folge haben, dass sich Menschen mit Meinungskundgaben aus Furcht vor Strafe selbst dort zurückhalten, wo dies rechtlich eigentlich zulässig wäre. Neben diesen möglichen negativen Effekten auf die Meinungsfreiheit sollte bei Regulierungen zum Schutz der Ehre außerdem berücksichtigt werden, dass dadurch der Raum zwischenmenschlicher Konflikte weiter eingeengt wird. Der Einzelne muss sich weniger als zuvor selbst mit der Person auseinandersetzen, die ihn in seiner Ehre angreift.

Ganz unabhängig davon, ob man diese Entwicklung für richtig oder falsch hält, zeugen die jüngeren Reformen im Bereich der Ehrschutzdelikte von Verschiebungen, die auf die wachsende Einflussnahme von Vulnerabilitätszuschreibungen zurückzuführen sind. Räume privater Konflikte werden hier verkleinert.[6] Noch vor ungefähr zwei Jahrzehnten herrschte hierzu übrigens eine ganz andere Stimmung: Der strafrechtliche Ehrschutz wurde in dieser Zeit zunehmend als überflüssig eingestuft, und es mehrten sich die Stimmen, die das Strafgesetzbuch an dieser Stelle durch Streichen von Vorschriften entschlacken wollten. Diese frühere Tendenz liegt der Sache nach auf einer Linie mit der Einschätzung des historischen Gesetzgebers der Strafprozessordnung von 1877 zur Bedeutung der Beleidigungsdelikte. In den Gesetzesmaterialien findet sich hierzu die Aussage, dass es sich bei Beleidigungen um «alltägliche Vorkommnisse» handele:

> Sie berühren das allgemeine Wohl der bürgerlichen Gesellschaft meistens wenig, und selbst für die Beteiligten haben sie in der Regel eine viel zu geringe Bedeutung, als daß ein rechtliches oder sittliches Bedürfnis vorläge, stets eine Bestrafung herbeizuführen. Darum bildet erfahrungsgemäß die Verfolgung und die Bestrafung jener Gesetzesverletzungen nicht die Regel, sondern die Ausnahme.[7]

Aus diesem Grund gelten bis heute für die Verfolgung von Ehrschutzdelikten besondere Bestimmungen, die in den meisten Fällen eine höhere Eigeninitiative des Verletzten voraussetzen.[8] Anfang der 2000er Jahre waren nicht wenige der Ansicht, der Schutz der Ehre sei eine Privatangelegenheit, weshalb die Beleidigungsdelikte aus dem Strafgesetzbuch zu streichen seien. Halte der Verletzte eine rechtliche Reaktion für erforderlich, könne er schließlich den Zivilrechtsweg beschreiten.[9] Dem lag ersichtlich eine ganz andere Vorstellung von individueller Wehrhaftigkeit und Selbstverantwortung im Kontext des Ehrschutzes zugrunde. Hierzu passt es, wenn seinerzeit angenommen wurde, dass rohe bzw. verletzende Darstellungen einer anderen Person schlussendlich in den Augen der zuschauenden Mehrheit auf denjenigen negativ zurückfallen, der diese Äußerungen getätigt hat. Auf den Täter habe dies viel größeren Einfluss als strafrechtliche Sanktionen.

Am Ende ist es eine Wertungsfrage, unter welchen Bedingungen von einer Verletzung des individuellen Achtungsanspruchs auszugehen ist. Dabei ist klar, dass gesteigerte Vulnerabilitätsannahmen für eine Ausweitung des strafrechtlichen Ehrschutzes sprechen. Je verletzlicher sich Menschen begreifen, desto gewichtiger kann ihnen das Unrecht erscheinen, das in Beleidigungen und anderen Angriffen auf die Ehre zum Ausdruck kommt, weshalb es dann auch des Einsatzes des Strafrechts bedarf. Einer bloß sozialen Reaktion oder dem Zivilrechtsweg kommt nicht dieselbe Symbolkraft zu.

Vor diesem Hintergrund spricht vieles für die Prognose, dass die gesetzlichen Ausweitungen des Ehrschutzstrafrechts nicht an ihrem Ende angekommen sind. Im Gegenteil scheint ein Punkt erreicht, an dem der Ehre als Rechtsgut nicht bloß irgendeine, sondern eine geradezu hervorgehobene Bedeutung zukommt. Dabei erscheint vielen vor allem der strafgesetzliche Schutz marginalisierter Gruppen nach wie vor als unzureichend gewährleistet. Von Silencing-Effekten seien diese Menschen besonders betroffen,[10] zumal merkmalsbezogene Angriffe auf sie letztlich gegen die gesamte Gruppe gerichtet seien, der sie angehören.[11] An neuen Vorschlägen zur Ausdehnung des Strafrechts im Interesse vulnerabler Gruppen fehlt es daher nicht. Sie wären ein neuer Schritt in Richtung auf ein signifikant durch Vulnerabilitätsvorstellungen geprägtes Recht.

Der logische Dreischritt der Vulnerabilität: Ausdehnungen des Strafrechts zum Schutz der sexuellen Selbstbestimmung

Die Handschrift der Vulnerabilität tragen auch verschiedene Rechtsentwicklungen im Bereich des Schutzes der sexuellen Selbstbestimmung. Einen Schwerpunkt der Reformen der letzten Jahre bildet wiederum das Strafrecht. Worum geht es dabei überhaupt? Die sexuelle Selbstbestimmung umfasst die Freiheit des einzelnen Menschen, nicht gegen seinen Willen zum Objekt sexuellen Begehrens anderer gemacht zu werden. Das sexuelle Selbstbestimmungsrecht ist von Verfassungsrang und leitet sich sowohl aus der persönlichen Freiheit als auch aus der Menschenwürde ab. Es umfasst die freie Entscheidung «über das ‹Ob›, das ‹Wann›, das ‹Wie› und das ‹Mit wem› einer sexuellen Begegnung» und wird daher auch als Recht auf Sexualität umschrieben.[12] Im Kern geht es bei dieser Rechtsposition also darum, jedem Menschen ein selbstbestimmtes Sexualleben zu ermöglichen, wozu neben der Freiheit, seine Sexualität positiv zu bestimmen, auch der Schutz vor nicht gewünschten Sexualkontakten gehört.

Anders, als man meinen könnte, ist die Anerkennung des sexuellen Selbstbestimmungsrechts und sein Rang als eigenständiges strafrechtliches Schutzgut in der deutschen Rechtsordnung nur wenige Jahrzehnte alt. Zwar gab es schon vor der Entdeckung der sexuellen Selbstbestimmung als Rechtsgut ein umfangreiches Sexualstrafrecht. Allerdings ging es darin um den Schutz religiös beeinflusster gesellschaftlicher Moralvorstellungen, die bestimmte Formen und Praktiken von Sexualität als verwerflich brandmarkten. Sofern überhaupt in Bezug auf sexuelle Übergriffe die Rede von individuellen Rechtsgütern war, ging es dabei um Dinge wie die Erhaltung der Ehefähigkeit der weiblichen Opfer bzw. den Schutz ihrer Ehre – neben der Ehre der Väter, Vormünder und Ehemänner. Erst im Jahr 1974 wurde die amtliche Überschrift des betreffenden Abschnitts des Strafgesetzbuchs geändert. Gestrichen wurde der bis dahin gültige Titel «Verbrechen und Vergehen wider die Sittlichkeit» zugunsten der neuen Überschrift: «Straftaten zum Schutz der sexuellen Selbstbestimmung». Damit gingen einige wesentliche Veränderungen einher, die dem Sexualstrafrecht auf lange Sicht ein neues Gepräge verleihen sollten. So hatte der Gesetzgeber mittlerweile die Einsicht erlangt, dass Verhalten nicht etwa aufgrund seiner bloßen «Unmoral» Strafe verdiene, sondern allein dann, wenn dadurch elementare Interessen anderer oder der Gemeinschaft beeinträchtigt werden. Schon vier Jahre zuvor waren Straftatbestände wie der Ehebruch, die Homosexualität unter Erwachsenen, Unzucht mit Tieren sowie die Erschleichung des außerehelichen Beischlafs gestrichen worden. Diese Liberalisierung setzte sich zunächst weiter fort. Seit den frühen neunziger Jahren scheint sich jedoch eine Kehrtwende zu vollziehen. Neben Strafschärfungen treten immer neue Vorschriften, die die Strafbarkeit mitunter deutlich ausdehnen. Dies betrifft zum Beispiel Formen sexualisierter Gewalt in der Ehe, die bis 1997 weitgehend straflos waren. Daneben ist es zu einer Strafrechtsausweitung in den Bereichen Missbrauch von Kindern und Jugendlichen, Menschenhandel, Kinderpornographie etc. gekommen.

«Nein heißt Nein» und weitere Reformen aus dem Jahr 2016. Einen besonderen Einschnitt bedeuten die Reformen aus dem Jahr 2016, die der Vorschrift des § 177 StGB (Sexueller Übergriff; sexuelle Nötigung; Vergewaltigung) ein ganz neues Gesicht verliehen und noch weitere neue Straftatbestände im Bereich der Sexualdelikte mit sich brachten. Die Veränderungen von § 177 StGB als zentrale Vorschrift des Sexualstrafrechts zeugen von einem durch den Gesetzgeber vollzogenen Paradigmenwechsel. Während vor der Reform nicht jeder Sexualkontakt, der ohne Zustimmung des anderen erfolgte, strafbar war, stellt die neue Fassung der Vorschrift zentral auf das fehlende Einverständnis ab. Der Sache nach setzte sich damit das sogenannte «Nein heißt Nein»-Modell durch: Strafrechtlich erfasst ist danach die Vornahme jedweder sexuellen Handlung mit bzw. an einer Person, die damit erkennbar nicht einverstanden ist. Vor der Reform genügte der entgegenstehende Wille des Opfers nicht, um eine Strafbarkeit auszulösen. Der frühere § 177 Abs. 1 StGB war zweistufig aufgebaut: Zuerst Gewaltanwendung oder Drohung zur Einwirkung auf den Willen des Opfers, dann Vornahme einer nicht einverständlichen sexuellen Handlung. Nur wenn beide Voraussetzungen erfüllt waren, konnte dies zu einer Strafbarkeit führen. Allerdings wurde die Zweistufigkeit des § 177 Abs. 1 StGB schon seit längerer Zeit kritisiert. Nimmt der Täter am Opfer nicht einverständliche sexuelle Handlungen vor, verstößt dies nämlich gegen die sexuelle Selbstbestimmung. Warum sollte dies nicht für strafwürdiges Unrecht ausreichen?

Dass es ausreicht, befand schließlich der deutsche Gesetzgeber – und passte § 177 Abs. 1 StGB dieser Einsicht an. Er wollte damit auch seinen Verpflichtungen aus Artikel 36 des Übereinkommens des Europarats zur Verhütung und Bekämpfung von Gewalt gegen Frauen und häuslicher Gewalt («Istanbul-Konvention») «noch besser gerecht» werden.[13] Strafbar ist seitdem die Vornahme sexueller Handlungen an einem anderen gerade auch dann, wenn das Opfer aufgrund der überraschenden Handlungen des Täters keinen Widerstand leisten kann oder wenn es nur aus Furcht von Widerstand absieht. Beide Verhaltensweisen wurden als strafwürdig beurteilt, «weil sie in den Kernbereich des allgemeinen Persönlichkeitsrechts [...] eingreifen.»[14] § 177 Abs. 1 StGB verlangt lediglich noch, dass an einer Person gegen deren «erkennbaren Willen» sexuelle Handlungen vorgenommen werden. Die vorherigen Schutzlücken bezeichnete ein Gutachten des Deutschen Instituts für Menschenrechte als «menschenrechtliches Defizit». Darin heißt es außerdem, dass die vor der Reform bestehende Rechtslage «die sexuelle Selbstbestimmung nicht hinreichend schützt, weil nicht alle nicht einverständlichen Sexualkontakte erfasst werden.»[15]

Die Reform des § 177 StGB wurde flankiert von mehreren neuen Strafvorschriften, zu denen auch § 184 i StGB (Sexuelle Belästigung) gehört. Wegen sexueller Belästigung macht sich strafbar, wer vorsätzlich eine andere Person in sexuell bestimmter Weise körperlich berührt und dadurch belästigt. Vor der Reform war die Strafbarkeit solcher Verhaltensweisen an einer Erheblichkeitsschwelle gescheitert, die das Gesetz für sexuelle Übergriffe verlangte, um sie als Sexualdelikte zu qualifizieren. Durch § 184 i StGB wollte der Gesetzgeber sicherstellen, dass auch Handlungen, «die die Schwelle der sexuellen Erheblichkeit nicht erreichen, zukünftig strafrechtlich zweifelsfrei erfasst werden. Denn die Handlungen sind geeignet, das Rechtsgut der sexuellen Selbstbestimmung in einem Ausmaß zu tangieren, dass sie als strafwürdig anzusehen sind.» Als Beispiele für den Anwendungsbereich der Vorschrift nennt der Gesetzgeber das «Küssen des Nackens, der Haare und des Kopfes der von hinten umfassten» Person.[16]

Ein mehr oder weniger gleichlautender Einwand gegen die Reformen aus dem Jahr 2016 lautet: Geht das nicht alles *viel zu weit*?

Wird hier nicht in großem Stil mit Kanonen auf Spatzen geschossen oder in einer eher juristischen Formulierung: werden hier nicht bloße Bagatellen zu Straftaten erhoben?[17] Kritiker verweisen darauf, dass es sich bei den neu hinzugekommenen Straftaten weitgehend um Privatangelegenheiten handele, die auch rechtlich als solche einzuordnen seien – also im Zivilrecht. Thomas Fischer findet die «Grabsch-Verfolgung im sozialen Umfeld überzogen».[18] Nach der neuen Rechtslage des geänderten § 177 StGB sei gar «die Grenze zwischen Verführen und Vergewaltigen fließend.» Sexualität werde dadurch unter einen «Generalverdacht» gestellt.[19] In Wahrheit, so die Annahme, stehe hinter alledem eine Rückkehr zum Sittlichkeitsdenken vergangener Jahrhunderte, da der Gesetzgeber «Sexualisierung und Prüderie widerspruchsvoll mischt».[20]

Zumindest der Einwand eines Wiederauflebens alter Prüderie greift bei näherer Analyse nicht durch. Er übersieht, dass die seit den 90er Jahren erfolgten Veränderungen im Sexualstrafrecht im Wesentlichen auf gewachsene Vulnerabilitätszuschreibungen zurückzuführen sind, die mehr und mehr in Gesetzesform gegossen werden. In vulnerablen Gesellschaften geht es nicht um die Etablierung einer wie auch immer gearteten Sittlichkeitsvorstellung, sondern um den Schutz der Rechte des Individuums. Dem entsprechen die Reformen aus dem Jahr 2016, die allesamt auf eine immer weiter gesteigerte Bedeutung des Rechts auf sexuelle Selbstbestimmung zurückgehen. Sowohl die Befürworter der Reformen als auch der Gesetzgeber betonen das besondere Gewicht des Rechtsguts. Mit Sittlichkeit hat dies wenig zu tun, geht es hier doch gerade nicht um allgemeine Moralvorstellungen, die ins Strafrecht überführt werden sollen. Die Freiheit, über die Ausübung der eigenen Sexualität zu entscheiden, hat in der Vergangenheit immer mehr Bedeutung erlangt. Dass sie infolge der Gesetzesreformen strafrechtlich stärker geschützt wird, dient gerade dazu, jedem Einzelnen das Ausleben seiner persönlichen Sittlichkeitsvorstellungen zu ermöglichen – weshalb ihm eben nicht die Sexualität eines anderen aufgedrängt werden darf.

Wenngleich die Reformen aus dem Jahr 2016 wenig mit einer Rückkehr zu Prüderie und Sittlichkeitsdenken zu tun haben, bleibt der Befund, dass es sich dabei um eine erhebliche Ausweitung des Strafrechts handelt, die weit in den Bereich dessen hineinragt, was bis dahin als Privatangelegenheit eingestuft wurde. Die Veränderungen im Bereich des Sexualstrafrechts sind daher ein treffendes Beispiel für die klare Tendenz vulnerabler Gesellschaften zur Beschneidung von Eigenverantwortung. So werden darin bislang private Konflikte zu solchen erhoben, die durch den Staat gelöst werden sollen. Dass dies auf gewachsene Vulnerabilitätszuschreibungen zurückzuführen ist, legen auch die Kritiker der Reformen nahe. Danach zeichne die Neufassung des § 177 StGB «ein sehr schwaches Bild der Frau, die ihren Willen nicht durchzusetzen vermag.»[21] Angesprochen wird hier ein von Vulnerabilitätsvorstellungen entscheidend geprägtes Selbst- und Fremdbild: Wer aufgedrängte Sexualität erlebt, ist in dieser Lesart von vornherein besonders schwach und verletzlich. Dieser Vorstellung konnte die frühere Gesetzeslage nicht entsprechen, die zumindest eine geringfügige *Gegenwehr* des Opfers verlangte. Dieses Strafbarkeitserfordernis muss aber zunehmend in die Kritik geraten, wenn die Opfer sexualisierter Gewalt als immer vulnerabler begriffen werden. Folgerichtig wurde der Einwand erhoben, die Obliegenheit zum Selbstschutz trage der besonderen Verletzlichkeit der Opfer – häufig Frauen – nicht Rechnung. Wer für ein «starkes» Frauenbild plädiere, lasse zumindest die notwendige Sensibilität gegenüber den Befindlichkeiten der Opfer vermissen.[22]

Die Argumentation der Befürworter der Reformen ist stichhaltig. So trifft es zu, dass ein konsequenter Schutz der sexuellen

Selbstbestimmung letztlich jede nicht einvernehmliche sexuelle Handlung umfasst. Die Schwierigkeit dieser Argumentation liegt allerdings darin, dass sie potenziell ins Unendliche weist. Das heißt: Wenn das sexuelle Selbstbestimmungsrecht durch jede sexualbezogene Handlung, die der andere nicht wünscht, verletzt wird, ist der mögliche Bereich staatlicher Regulierung grenzenlos. Das wünschen freilich nicht sämtliche Stimmen, die sich für einen (noch) stärkeren Schutz der sexuellen Selbstbestimmung durch das Recht aussprechen. In ihrer Argumentation finden sich allerdings kaum Hinweise darauf, wo eine Grenze für den Erlass neuer Gesetze und staatlicher Einflusssphären gezogen werden soll. Wenn zum Beispiel in dem Gutachten des Deutschen Instituts für Menschenrechte die Rede von menschenrechtswidrigen Zuständen ist, weil strafrechtlich nicht «alle nicht einverständlichen Sexualkontakte» erfasst werden, muss dies aufhorchen lassen. Bereits der Begriff des «Sexualkontakts» wirft hier Fragen auf. Liegt ein solcher nicht schon in einem höflichen Ansprechen des anderen, der das eigene Interesse geweckt hat? Einem bewundernden Blick?

Zur Rechtfertigung der Ausdehnung von Strafgesetzen genügt es außerdem nicht, das hohe Gewicht der sexuellen Selbstbestimmung als Rechtsgut und damit die Vulnerabilität der Opfer sexualisierter Gewalt hervorzuheben. Denn jeder Schutz einer bestimmten Freiheitssphäre geht unweigerlich auf Kosten der Ausübung einer anderen Freiheit. Diesen notwendigen Gedanken der Verhältnismäßigkeit lassen die meisten Plädoyers für mehr Recht bzw. mehr Strafrecht zum Schutz der sexuellen Selbstbestimmung vermissen. Es scheint, als genüge der Hinweis auf das hohe Gewicht des Rechtsguts, um letztlich jede Art der Regulierung zu rechtfertigen. Dies belegt eindrucksvoll die Gesetzesbegründung zur Vorschrift der sexuellen Belästigung (§ 184 i StGB), wonach das Strafgesetz auch solche Verhaltensweisen ahnden soll, die gerade nicht als erheblicher Angriff auf die sexuelle Selbstbestimmung bewertet werden. Klarer lässt sich kaum formulieren, dass hier Unerhebliches zum Gegenstand eines Verbots und strafrechtlicher Ahndung gemacht wird – ein Vorgang, der zentral dem am Verhältnismäßigkeitsprinzip ausgerichteten Strafrecht widerspricht. Wenn sich aber nicht über Grenzen verständigt wird, werden Reformen zum Schutz der sexuellen Selbstbestimmung mehr und mehr zur Einbahnstraße. Hierin steckt die im Zusammenhang mit Vulnerabilitätsannahmen bereits beschriebene Steigerungslogik: Ist erst die eine Verhaltensweise rechtlich untersagt und wird gar bestraft, weitet sich der Blick auf all jene Bereiche, in denen noch keine Regulierung erfolgt ist, die aber ihrerseits das sexuelle Selbstbestimmungsrecht betreffen. Wenn also zum Beispiel die sexuelle Belästigung (§ 184 i StGB) voraussetzt, dass der Täter sein Opfer zumindest *berührt*, stellt sich sogleich die Frage, ob nicht auch Handlungen, die keine Berührung beinhalten, bestraft werden sollten. Denkbare Beispiele wurden schon genannt: Wie ist es mit dem Ansprechen einer Person, die als attraktiv empfunden wird? Welche Art von Ansprechen soll hier in strafbewehrter Form untersagt werden – oder schlicht jede? Und wie verhält es sich mit Blicken – Zuzwinkern ja, Anstarren nein? Dass solche Entwicklungen alles andere als unrealistisch sind, zeigen weitere Reformdebatten, die derzeit geführt werden.

«Catcalling» und sexuelle Beleidigung. Eine dieser Debatten dreht sich um die Frage, ob nicht auch das sogenannte «Catcalling» als Straftat oder zumindest als Ordnungswidrigkeit sanktioniert werden sollte. Eine jüngere Studie des Kriminologischen Forschungsinstituts Niedersachsen («Catcalling»-Studie: Sexuelle Belästigung als Alltagserfahrung) betont, dass «das Spektrum sexueller Belästigungen [...] groß» sei, «auch wenn es nicht zu körperlichen Über-

griffen kommt.»[23] Diese Einschätzung bestätigt ein Policy Paper des Deutschen Juristinnenbundes, wonach «Catcalling» eine Vielzahl an sexuell besetzten Verhaltensweisen umfasst. Beispiele dafür sind «aufdringliche Blicke, Hinterherpfeifen, Kussgeräusche, anzügliche Bemerkungen, obszöne Witze, unpassende Aufforderungen zu sexuellen Handlungen, exhibitionistische Handlungen, das unerwünschte Zeigen pornographischer Inhalte, anzügliche Kommentare über den Körper einer Person, das sexuell motivierte Verfolgen, Bedrängen oder körperliche Berühren einer Person sowie sexuelle Belästigungen mittels digitaler Medien.»[24] Die Verfasser des Policy Papers gehen davon aus, «dass Sexismus durch sexuelle Belästigung von erheblicher Relevanz im Alltag ist».[25] Die niedersächsische Studie belegt die Verbreitung des Phänomens:

> Fast alle Befragten erlebten in den letzten drei Monaten, dass ihr Aussehen bewertet und dass sie angestarrt wurden. Mehr als die Hälfte wurde aufgrund des Geschlechts beleidigt, war sexuellen Annäherungsversuchen, sexistischen Sprüchen und anzüglichen Bemerkungen ausgesetzt. Über 42 Prozent wurden sexistisch beschimpft. Knapp zwei Drittel der Befragten erhielten sexuell aufgeladene Nachrichten, mehr als ein Drittel entsprechende Bilder.[26]

Die Handlungen sind nach dem derzeitigen deutschen Strafrecht zumeist nicht strafbar. Nötigung, Bedrohung und auch Beleidigung stellen Strafbarkeitsanforderungen auf, die in aller Regel bei den genannten Beispielen nicht erfüllt sind. Insbesondere wertet die Rechtsprechung selbst besonders anzügliche «Komplimente» nicht als Beleidigung, wenn es ihnen an einer entwürdigenden, herabsetzenden Bewertung des Opfers fehlt. Diese Rechtslage wird von nicht wenigen als unzureichend empfunden. Mitunter wandert dann der Blick ins Nachbarland Frankreich, wo es seit 2018 als Ordnungswidrigkeit sanktioniert wird, sich sexuell konnotiert zu äußern, sofern dies geeignet ist, die Würde der Person zu verletzen. Anders als bei der gegenwärtigen deutschen Rechtslage zum Beleidigungstatbestand liegt hierin eine weitere Vorverlagerung, da es auf die bloße *Eignung* zur Entwürdigung ankommt. Eine weitere Voraussetzung der französischen Vorschrift besteht darin, dass die jeweilige Äußerung für das Opfer eine einschüchternde oder feindselige Situation schafft. Eine ähnliche Regelung wünschen sich die ca. 70 000 Personen, die im Jahr 2020 auf openPetition eine Petition mit dem Titel «Es ist 2020. Catcalling sollte strafbar sein» unterschrieben haben.[27] Und auch die Leiterin der niedersächsischen Studie betont, «solche sexuellen Zudringlichkeiten dürfen nicht verharmlost werden, nur weil sie ohne Körperkontakt stattfinden.» Von den Studienteilnehmern haben sich 84 % dafür ausgesprochen, Catcalling künftig zu sanktionieren. Befürworter einer entsprechenden Reform verweisen darauf, dass die Folgen von Catcalling mitunter schwerwiegend sind. In der niedersächsischen Studie berichteten Opfer von Ängsten, dauerhafter Verunsicherung und psychischen Erkrankungen bis hin zu Depressionen oder Essstörungen. Auch der Deutsche Juristinnenbund sieht einen gesetzgeberischen Handlungsbedarf, da nicht-körperliche sexuelle Belästigungen geeignet seien, das Recht auf sexuelle Selbstbestimmung einer Person zu verletzen, «indem sie ihr Sexualität unerwünscht auf eine unangemessene Weise aufdrängen.» Dies sei bei erheblichen Bedrängungen der Fall – wovon dann auszugehen sei, wenn das Geschehen entweder länger andauert oder bedrohlich wirkt, wenn es als herabwürdigend funktioniert bzw. keine zumutbaren Ausweichmöglichkeiten für das Opfer bestehen.

Eine solche Reform würde die Landkarte des Erlaubten weiter verkleinern. Wiederum findet sich in der Debatte dafür im Wesentlichen das Argument, dass auch nicht körperliche sexuelle Belästigungen die sexuelle Selbstbestimmung beeinträchtigen, es sich dabei um ein hohes Rechtsgut handelt und die Reaktionen der Opfer deren erhebliche Verletzlichkeit demonstrieren. Menschen, die sich selbst als besonders vulnerabel begreifen, reagieren auf Angriffe in erster Linie mit Rückzug und Ängsten. Diesen Reflex bestätigt die niedersächsische Studie für die Opfer von «Catcalling». Die Reaktion hierauf ist die immer gleiche: Auf erhöhte Verletzlichkeit müsse man mit neuen Rechtsvorschriften zum Schutz der Opfer reagieren. Vulnerable Menschen habe der Staat zu schützen, um Konflikte mit anderen immer weiter zu reduzieren. Selbstbehauptung der Opfer kommt in der Perspektive der Befürworter einer Reform zum Catcalling nicht wirklich vor. Der Grund liegt auf der Hand: Ein wehrhaftes Opfer entspricht gerade nicht dem Bild, das sich hier vom Menschen gemacht wird. Darin ist der Einzelne vornehmlich durch seine Eigenschaft der Vulnerabilität gekennzeichnet, und mit dieser Eigenschaft verträgt es sich nicht, den Einzelnen im Umgang mit Risiken auf seine individuelle Selbstverantwortung zu verweisen. Also bleibt es bei dem nun bereits mehrfach beobachteten gedanklichen Dreiklang: (1) Aufwertung des Rechtsguts (hier: sexuelle Selbstbestimmung) angesichts der Vulnerabilität des Menschen; (2) Feststellung der Beeinträchtigung des Rechts auf sexuelle Autonomie durch das jeweilige Verhalten; gefolgt von (3) dem Schluss auf die Notwendigkeit neuer Schutzgesetze.

Sprechnormen. Geht noch mehr? Die Antwort ist klar: Es ist nicht nur möglich, sondern angesichts der Steigerungslogik der Risikovorsorge vulnerabler Gesellschaften sogar erforderlich, an dieser Stelle keinen Halt einzulegen, sondern immer weiter zu fragen, wo in der Gesellschaft Verhaltensweisen auftreten, die die sexuelle Selbstbestimmung beeinträchtigen und zum Schutz des Einzelnen untersagt oder gar sanktioniert werden sollten. Ein künftiges weiteres Handlungsfeld könnten Sprechnormen liefern, die die

Geschlechterbezeichnung betreffen. Unter dem Begriff der gendergerechten Sprache firmiert heute eine Vielzahl an Überlegungen, wie im geschriebenen und gesprochenen Wort der gesellschaftlich vorgefundenen Geschlechtervielfalt angemessen Rechnung getragen werden kann. Diskutiert werden Doppelnennungen (Erzieherinnen und Erzieher), die Verwendung eines Gendersterns (Erzieher*innen), eines Binnen-I (ErzieherInnen), aber auch Substantivierungen (Erziehende) sowie geschlechtsneutrale Ausdrücke (erziehende Person) u.v.m. Der Rat für die deutsche Rechtschreibung hat bislang keine Aufnahme von Genderstern und Co. in das amtliche Regelwerk der deutschen Rechtschreibung empfohlen. Die Entwicklung soll vorerst «weiter beobachtet werden».[28] Eine rechtliche Bindung für Schulen, Verwaltung und auch Rechtspflege besteht daher bislang nicht. Dennoch ist das Thema gendergerechte Sprache bereits in einige Bereiche des Rechts vorgedrungen. § 4 Abs. 3 des Bundesgleichstellungsgesetzes sieht vor, dass Rechts- und Verwaltungsvorschriften des Bundes sowie andere öffentliche Dokumente wie etwa Verträge und Vertragsformulare der Körperschaften «die Gleichstellung von Frauen und Männern auch sprachlich zum Ausdruck bringen.» Und: «Dies gilt auch für den Schriftverkehr.» Die Gemeinsame Geschäftsordnung der Bundesministerien verlangt, dass Gesetzentwürfe die Gleichstellung von Frauen und Männern sprachlich zum Ausdruck bringen (§ 42 Abs. 5 GGO). Das Handbuch der Rechtsförmlichkeiten führt hierzu zwar aus, dass die sprachliche Gleichbehandlung von Männern und Frauen nicht «auf Kosten der Verständlichkeit oder der Klarheit» gehen dürfe.[29] Gleichwohl findet sich darin die Aussage, dass eine «Häufung maskuliner Personenbezeichnungen den Eindruck erwecken [kann], Frauen würden übersehen oder nur ‹mitgemeint›. Sprachliche Gleichbehandlung in Rechtsvorschriften hat zum Ziel, Frauen direkt anzusprechen und als gleichermaßen Betroffene sichtbar zu machen.»

Während das Handbuch der Rechtsförmlichkeiten erste Bedenken gegen das generische Maskulinum erhebt, äußert sich das Bundesministerium für Familie, Senioren, Frauen und Jugend in seinen Empfehlungen zur Verwendung geschlechtergerechter Sprache in der Bundesverwaltung vergleichsweise deutlich. Dem generischen Maskulinum wird darin attestiert, dass es die Gleichstellung von Frauen und Männern nicht zum Ausdruck bringe.[30]

Auch die Rechtsprechung ist zunehmend mit dem Thema geschlechtergerechte Sprache befasst. Im Jahr 2018 entschied der Bundesgerichtshof noch, dass die Verwendung des generischen Maskulinums in Bankformularen keine Benachteiligung von weiblichen Bankkunden nach sich ziehe.[31] Doch auch hier könnte die Entwicklung künftig in eine andere Richtung gehen, wie ein Urteil des Oberlandesgerichts Frankfurt aus dem Sommer 2022 vermuten lässt. Darin sprach das Gericht einer nicht-binären Person einen Entschädigungsanspruch gegenüber der Deutschen Bahn zu.[32] Anlass dazu bot das Online-Buchungsformular der Bahn, das lediglich die Auswahloptionen «Herr» und «Frau» vorsah. Hierin liege eine unmittelbare Benachteiligung aus Gründen des Geschlechts, da nicht-binäre Personen Online-Tickets nicht kaufen könnten, ohne Angaben zu machen, die ihrer geschlechtlichen Identität widersprechen.

In den meisten deutschen Hochschulen und Universitäten wird geschlechtergerechte Sprache den Mitarbeitern mittlerweile empfohlen. Diese Regeln gelten in erster Linie für die offizielle Kommunikation der Universität. Es geht den Universitäten allerdings in der Regel auch um die Kommunikation der Lehrkräfte gegenüber den Studenten. Ausdrücklich zum Verfassen fachlicher Texte (Bücher, Artikel, Hausarbeiten usw.) äußert sich beispielsweise das Gleichstellungsbüro der TU Darmstadt. In dessen «Anwendungstipps» für einen diskriminierungskritischen Sprachgebrauch heißt es, dass «Sparschreibung» (zum Beispiel: Mitarbeiter/-in) zwar «für den Mailverkehr oder verknappte Texte, wie Formulare oder Fragebögen» geeignet sei. «Für das wissenschaftliche Arbeiten sollten jedoch Vollformen verwendet werden.»[33] Nach Auffassung des Gleichstellungsbüros der TU Darmstadt seien die «Tage des generischen Maskulinums [...] gezählt.»[34] Aus derartigen «Tipps» einzelner universitärer Verwaltungseinheiten lässt sich keine Rechtsverbindlichkeit ableiten. Gleichwohl ist klar, dass entsprechende Handreichungen einen gewissen Konformitätsausdruck auslösen können – nicht zuletzt gegenüber Studierenden, die oftmals nicht dazu in der Lage sind, zutreffend einzuordnen, bei welchen Empfehlungen es sich um verbindliche Vorgaben der Hochschulleitung handelt und bei welchen nicht. Auch wenn die Universitätsleitung selbst Vorgaben für eine gendergerechte Sprache unterbreitet, ist nicht ganz klar, ob sie rechtlich verbindlich sind. Zumindest für das wissenschaftliche Personal spricht angesichts seiner Wissenschaftsfreiheit vieles dagegen. Auch an den Schulen ist einiges in Bewegung, wenn es um die richtige Anrede des Gegenübers geht. Dabei liegen die Auffassungen innerhalb der verschiedenen Bundesländer teils weit auseinander, wobei in der Summe alle Zeichen auf die Öffnung hin zu (noch) mehr gendergerechter Sprache stehen.

Hintergrund der dargestellten Bemühungen um eine größere Geschlechtervielfalt in der Sprache ist der Gedanke, dass in der Art und Weise, wie Menschen geschlechtsbezogen kommunizieren, gesellschaftliche Machtstrukturen zum Ausdruck kommen.[35] Im generischen Maskulinum würden andere Geschlechter allenfalls «mitgedacht». Das habe aber zur Folge, dass Frauen und diverse Personen letztlich hinter der männlichen Bezeichnung zurücktreten, wenn nicht in Gänze verschwinden.[36] Diese Marginalisierung in der Sprache sei aber Ausdruck einer sozialen Benachteiligung und häufig zudem einer Diskriminierung nichtmännlicher Personen. Die sprachliche Wiederholung dieses Missstandes führe zu dessen weiterer Verfestigung, sodass Sprache letztlich zur Perpetuierung bestehender gesellschaftlicher Ungleichbehandlungen gebraucht werde. Eine geschlechterbezogene Öffnung der Sprache scheint demgegenüber eine Verbesserung der sozialen und rechtlichen Stellung anderer Geschlechter als des Männlichen zu versprechen. Vermittelt durch das Instrument der Sprache soll also dem auch verfassungsrechtlichen Gebot der Gleichbehandlung (Art. 3 GG)[37] entsprochen und zu einem Abbau geschlechtsbezogener Diskriminierung beigetragen werden.

Der Wunsch nach mehr Geschlechtergerechtigkeit in der deutschen Sprache kann allerdings nicht bloß unter dem Gesichtspunkt allgemeiner gesellschaftlicher Gleichbehandlung betrachtet werden. Vielmehr liegt es unter Einbeziehung von Positionen aus dem Bereich der Queer und Gender Studies nahe, einen Zusammenhang zwischen geschlechterneutraler Sprache und der sexuellen Selbstbestimmung zu sehen. Dieser Brückenschlag gelingt durch die in den Gender Studies und der Queer Theory anzutreffende Annahme einer folgenreichen Verknüpfung von Sexualität und Geschlecht. Danach ergeben sich Geschlechterrollen erst auf der Grundlage der Idee einer biologischen Reproduktion und damit von Heterosexualität.[38] In der Gesellschaft herrsche nun aber eine «Heteronormativität»[39] bzw. «Zwangsheterosexualität»[40] vor, wonach allein die zweigeschlechtliche Sexualität natürlich sei und die einzige Grundlage für die individuelle Identitätsbildung liefere.[41] Der Unterschied zwischen den Geschlechtern bilde damit die Basis für die gesellschaftlich vorherrschende Annahme einer universellen, normalen und erotischen Anziehung zwischen männlichen und weiblichen Personen.[42]

Vertreter der Gender Studies und Queer Theory treten einer solchen «heterosexuellen Hegemonie»[43] unter Hinweis darauf entgegen, dass Identität, Geschlecht und sexuelle Orientierung «instabil, situativ, widersprüchlich, provisorisch und brüchig»[44] seien.

Ihre Kritik macht deutlich, welch weitreichende Bedeutung fehlende Geschlechtervielfalt in der Sprache gerade auch für die sexuelle Selbstbestimmung haben kann. Wer sich auf diese Argumentation einlässt, erkennt zugleich die Option einer weiteren Ausdehnung rechtlicher Regelungen im Bereich gendergerechter Sprache. In der Steigerungslogik der Risikovorsorge von vulnerablen Gesellschaften erscheint eine solche Entwicklung alles andere als ausgeschlossen. Es wäre dies ein weiterer Schritt auf dem Weg zu einer möglichst allumfassenden Vorsorge gegenüber Risiken für die sexuelle Selbstbestimmung des Einzelnen. Dabei ist klar, dass wir auch hiermit eine bloße Zwischenetappe erreicht hätten. Die Interpretation unserer Lebenswirklichkeit als Risiko für ganz unterschiedliche Rechtsgüter ist potenziell unbegrenzt. Sprechnormen würden in dieser Spirale ihrerseits keinen Endpunkt der Risikovorsorge ausmachen, sondern im Anschluss an ihre rechtliche Implementierung ohne Umschweife fragen lassen: Welchem Risiko für die sexuelle Autonomie widmen wir uns als nächstes?

Mikroaggressionen. Auch sogenannte «Mikroaggressionen» berühren u.a. die sexuelle Selbstbestimmung. Das Phänomen liegt in gewisser Weise auf einer Linie mit der Ausweitung von Sprechnormen, wie sie im vorherigen Abschnitt betrachtet wurden. Beispielsweise wird es als Mikroaggression bewertet, wenn eine Person eine andere nicht mit ihrem «richtigen» Pronomen anspricht.[45] Mikroaggressionen gehen allerdings noch über die Anrede von Personen hinaus, umfassen also einen deutlich weiteren Bereich der Kommunikation. Verstanden werden darunter nämlich kurze und alltägliche Bemerkungen, Verhaltensweisen oder Umwelthindernisse, die «Beleidigungen» im Hinblick auf Personen oder Gruppen enthalten und dabei auf feindliche, abwertende oder sonst negativ-rassistische Weise das soziale Geschlecht, die sexuelle Orientierung oder die Religion betreffen.[46] Dabei kommt es nicht darauf an, ob diese Verletzungen bewusst oder unbewusst erfolgen.[47] Mikroaggressionen wird an US-amerikanischen Bildungseinrichtungen verstärkt Aufmerksamkeit geschenkt – sei es durch Möglichkeiten, solche Verhaltensweisen oder Ereignisse bei einer universitären Stelle zu melden, oder indem Menschen u. a. durch sogenannte «Safe Spaces»[48] Hilfsangebote unterbreitet werden, die Opfer von Mikroaggressionen geworden sind.

Die Soziologen Campbell und Manning machen für die Aufmerksamkeit, die Mikroaggressionen in dem von ihnen untersuchten Kontext zuteilwird, einen Kulturwandel verantwortlich. Demnach würden sich Menschen verstärkt durch ihre Opferrolle definieren und diese auch mitunter offensiv nach außen tragen («Victimhood Culture»). Unabhängig davon, ob sich das Konzept derzeit tatsächlich auf den Raum außerhalb US-amerikanischer Bildungseinrichtungen übertragen lässt bzw. ob der Begriff der «Opferrollen-Kultur» glücklich gewählt ist, zeigt sich auch bei den Beobachtungen von Campbell und Manning der bemerkenswerte Zusammenhang, dass höhere Vulnerabilitätsannahmen eine verstärkte Aversion gegenüber Risiken zur Folge haben. Die beiden Autoren führen dazu aus: «Wenn wir bestimmte Ethnien und andere Personengruppen als besonders vulnerabel ansehen, könnten wir jeden Scherz, der ihnen Unbehagen bereiten könnte, als eine Art *Mikroaggression* verurteilen.»[49] Freilich lässt sich nicht sagen, ob die deutsche Gesellschaft eine ähnliche Entwicklung wie die US-amerikanische nehmen wird. Zumal das Thema an deutschen Bildungseinrichtungen gegenwärtig keines ist.[50] Zumindest in der Theorie bestätigt das Phänomen der Mikroaggressionen aber die These, dass mit Vulnerabilitätszuschreibungen eine Steigerungslogik verbunden ist: Die sexuelle Selbstbestimmung wie alle anderen Schutzgüter, die von Mikroaggressionen betroffen sein können, kann immer *noch mehr* geschützt werden. Dabei ist zumindest nicht ausgeschlossen, dass auch das Recht zur Absicherung dieses Schutzes in der einen oder anderen Form herangezogen wird.

Die rechtliche Regulierung der Suizidassistenz

In der deutschen Rechtsordnung ist es nicht verboten, sich selbst das Leben zu nehmen. Vielmehr wird die freie Entscheidung des Individuums respektiert, das allein über sein Leben und damit auch sein Sterben verfügt. Daher kennt das Strafgesetzbuch keine Vorschrift, die den (versuchten) Suizid als Straftat ahndet. Über 140 Jahre galt dies (bei vorausgesetzter Freiverantwortlichkeit der Selbsttötung) auch für die Suizidassistenz – für Verhaltensweisen also, bei denen sich der Sterbewillige zu seiner Selbsttötung der Unterstützung einer anderen Person bedient. Beispiele dafür sind das Reichen der Waffe, mit der sich der Suizident selbst erschießt, oder die Verschreibung eines todbringenden Medikaments, das der Patient selbstständig einnimmt. Solche und andere Unterstützungshandlungen waren insbesondere deshalb nicht strafbar, weil sie sich auf ein erlaubtes Tun des Sterbewilligen richteten. Die Idee lautete: Wenn es dem Suizidenten erlaubt ist, sich zu töten, darf auch ein anderer auf dessen erklärten Wunsch hin dabei Hilfe leisten.

Von dieser durchaus einleuchtenden Logik wurde mit der im Jahr 2015 ins Strafgesetzbuch eingeführten Vorschrift der geschäftsmäßigen Förderung der Selbsttötung abgewichen. Die mittlerweile von Seiten des Bundesverfassungsgerichts für nichtig erklärte frühere Regelung des § 217 StGB stand am vorläufigen Endpunkt einer seit den Nullerjahren intensiv geführten Debatte über den gesellschaftlichen und rechtlichen Umgang mit Suizidwünschen und der Unterstützung von Suiziden durch andere Personen. Das Bundesverfassungsgericht beurteilte das Strafgesetz zwar als verfassungswidrig, da es unverhältnismäßig in das «Recht auf selbstbestimmtes Sterben» eingriff, beließ aber dem Gesetzgeber einen Handlungsspielraum zur künftigen Regulierung der Suizidassistenz, der gerade auch strafrechtliche Vorschriften umschloss. Heute ist das Ringen um den richtigen rechtlichen Umgang mit der Suizidassistenz nach wie vor nicht abgeschlossen. Auch nachdem neue Gesetzesentwürfe[51] im Bundestag abgelehnt wurden, ist kaum davon auszugehen, dass die Debatte um eine rechtliche Regulierung der Suizidassistenz beendet ist.[52]

Wie konnte es zu dieser, eine langjährige Rechtslage gravierend verändernden Entwicklung kommen? Als äußere Faktoren sind sicherlich die Fortschritte im Bereich der sogenannten Apparatemedizin und das Altern der Gesellschaft zu nennen. Immer mehr Menschen können immer älter werden – und dies immer häufiger in der letzten Lebensphase unter Zuhilfenahme von technologisch weit vorangeschrittenen medizinischen Geräten. Deren Einsatz stellen sich allerdings viele Menschen für sich selbst als wenig erstrebenswert vor. Zwar können diverse medizinische Verfahren und Apparate Leben verlängern. Gleichwohl ziehen nicht wenige dem bloßen *Über*leben das von ihnen so definierte «würdevolle» Sterben vor, womit in aller Regel die selbstbestimmte Einnahme tödlich wirkender Medikamente gemeint ist. Die Selbstbestimmung umfasst dabei insbesondere den Zeitpunkt der Einnahme, der für viele Sterbewillige vor dem Augenblick liegt, in dem für ihr Überleben diverse Gerätschaften in Betrieb genommen werden müssen. In diesem Wunsch kommt ein über die letzten Jahrzehnte immer weiter gewachsenes Bedürfnis zum Ausdruck, das eigene Leben und damit auch das eigene Sterben zu kontrollieren. Der Augenblick, in dem durch den Tod unweigerlich ein Loslassen eintritt, soll immer weiter herausgezögert werden. Wann die Kontrolle über sich und das eigene Leben verloren wird, wollen immer mehr Menschen selbst entscheiden. Ursächlich dafür dürfte auch eine zunehmend schwächer ausgeprägte Einhegung in religiöse Welt- und Moralvorstellungen sein. Weil insbesondere die christlichen Kirchen in Deutschland immer weniger Menschen ansprechen, haben sie auch kaum noch Einfluss auf die Art und Weise, wie gesellschaftlich mit dem Sterben umgegangen wird. So kann beispielsweise die Idee einer stillen und auf Gott vertrauenden Hinnahme des eigenen Lebensendes viele nicht mehr überzeugen. An die Stelle von Vertrauen in eine höhere Macht und deren positive Lenkung der eigenen Geschicke tritt dann mitunter der Wunsch, auch die Schlussphase des Lebens selbst zu kontrollieren.

Dieses Kontrollbegehren trifft allerdings auf eine in der deutschen Ärzteschaft weit verbreitete Annahme, dass die Begleitung und Unterstützung von Suiziden nicht ihrem Aufgabenbereich entspreche. Ärzte seien dem Leben verpflichtet. Für eine gesunde Arzt-Patienten-Beziehung komme es darauf an, dass der Arzt alles dafür tut, das Leiden des Patienten zu mindern. Suizidförderung und Leidensminderung würden sich aber widersprechen. Noch im Jahr 2011 wurde daher ein Verbot der Suizidassistenz in die Musterberufsordnung der Bundesärztekammer aufgenommen, das Eingang in die Berufsordnungen der meisten Landesärztekammern fand. In Reaktion auf das Urteil des Bundesverfassungsgerichts zum früheren § 217 StGB wurde dieses Verbot zwar wiederum aus der Musterberufsordnung gestrichen. An der in der Ärzteschaft verbreiteten Auffassung, dass sich Suizidförderung nicht mit ihrem Berufsbild vertrage, dürfte dies allerdings wenig geändert haben.

Weil daher viele Ärzte eine Unterstützung frei gewählter Suizide ablehnen, kann für den einzelnen Sterbewilligen das Problem entstehen, keinen Zugang zu Medikamenten zu erlangen, mit denen er seinen Wunsch in die Tat umsetzen kann. Von den meisten Menschen werden andere Tötungsarten als wenig würdevoll begriffen, zumal die Alternativen nicht selten in ihrem Ausgang ungewiss sind und mitunter auch andere Personen gefährden. In diese «Versorgungslücke» traten seit den Nullerjahren sogenannte Sterbehilfeorganisationen, die in aller Regel unentgeltlich Suizidhilfe anboten. Durch den früheren § 217 StGB wurde ihrer Tätigkeit in Deutschland zunächst ein Riegel vorgeschoben. Nach Abschaffung der Vorschrift handeln sie wieder legal, wenngleich nach wie vor unklar ist, ob sich dies künftig wieder ändern wird.

Die beschriebene Situation ist paradigmatisch für die Einflussnahme wachsender Vulnerabilitätszuschreibungen auf die Rechtsentwicklung. Darin kommt eine gesteigerte Sensibilität im Umgang mit Sterbewünschen zum Ausdruck. Wer besonders sensibel ist, besitzt ein hohes Einfühlungsvermögen und kann daher erkennen, dass der Wunsch, dem eigenen Leben selbstbestimmt ein Ende zu setzen, besonders schwer wiegt. Für den Einzelnen kann es eine emotional höchst belastende Aussicht darstellen, beispielsweise aufgrund einer voranschreitenden Krankheit künftig einmal auf lebenserhaltende Maschinen angewiesen zu sein. Wenn sich dies nicht mit den Vorstellungen vom eigenen Lebensende deckt, kann verbliebene Lebensfreude bereits zu einem Zeitpunkt schwinden, in dem angesichts des aktuellen Gesundheitszustandes eigentlich noch unbeschwerte Tage verlebt werden könnten. Wer unbedingt vermeiden will, an seinem Lebensende auf medizinische Geräte angewiesen zu sein, kann sich zur Selbsttötung gedrängt sehen – und dies mitunter viel früher, als es eigentlich erforderlich wäre, da die Angst besteht, anderenfalls den Moment zu verpassen, in dem dies noch möglich ist. Für diese Menschen stellt es eine große Entlastung dar, ihnen einen Weg zu eröffnen, mit Hilfe anderer selbstbestimmt zu sterben. Eine solche Perspektive kann Lebensqualität bis zum Ende schaffen, da der Betreffende weiß: Sollte er sich schließlich gegen ein Weiterleben entscheiden, wird es einen Menschen geben, der ihm dabei hilft und so auch ein als würdevoll empfundenes Sterben ermöglicht.

Mit diesen Einsichten in die existentielle Not, die durch den fehlenden Zugang zu würdevollem Sterben ausgelöst werden kann, liegt die Entscheidung des Bundesverfassungsgerichts zum früheren § 217 StGB auf einer Linie. Darin betont das Gericht den hohen Verfassungsrang der individuellen Entscheidung, dem eigenen Leben ein Ende zu setzen. Das Recht auf selbstbestimmtes Sterben sei Ausdruck des allgemeinen Persönlichkeitsrechts.[53] Diese rechtliche Einordnung durch das Bundesverfassungsgericht ist bedeutsam, denn: Das allgemeine Persönlichkeitsrecht ist Ausfluss der Menschenwürde und damit von besonders hohem verfassungsrechtlichem Rang. Von Kritikern wird hierin eine rechtliche Überbewertung des individuellen Sterbewunsches gesehen.[54] Überraschen kann sie jedoch allenfalls denjenigen, der den Einfluss wachsender Vulnerabilitätszuschreibungen auf die gegenwärtige Rechtsentwicklung noch nicht hinreichend erfasst hat. In der Anerkennung des Rechts auf selbstbestimmtes Sterben als Bestandteil des allgemeinen Persönlichkeitsrechts kommt nämlich eine besonders hohe Sensibilität gegenüber dem Leid zum Ausdruck, das ein erzwungenes Abweichen von individuellen Vorstellungen über das eigene Lebensende auslösen kann. Diese Neukartierung der Rechtslage ist die unmittelbare Konsequenz eines besonderen Einfühlungsvermögens gegenüber jenen, denen die Aussicht, den eigenen Tod bzw. die Art und Weise des eigenen Sterbens nicht frei wählen zu können, existenzielle Qualen zufügt.

Allerdings bedeutet die Stärkung der Rechtsposition sterbewilliger Menschen in einer vulnerablen Gesellschaft nicht unweigerlich ein Plus an Freiheit – im Gegenteil. In deren Logik hat dies vielmehr ein Mehr an staatlichem Schutz zur Folge, was daran liegt, dass dem Einzelnen tendenziell immer weniger zugetraut wird, seine Interessen in eigener Person zu schützen und sie gegen andere zu verteidigen. Dass sich der Ausweitung eines Rechts Einzelner umfangreichere hoheitliche Eingriffsbefugnisse anschließen, ist dann mehr als konsequent. Im Zusammenhang mit der Suizidassistenz bedeutet dies: Gerade weil das Recht auf selbstbestimmtes Sterben infolge gewachsener Vulnerabilität so bedeutsam ist, darf sein Schutz nicht bloß von dem jeweiligen Rechtsgutsinhaber verantwortet werden. Hinzutreten müsse staatlicher Schutz durch Gesetze – etwa in Gestalt strafrechtlicher Regeln, aber auch in Form von Verfahrensvorschriften, die den Zugang zu tödlich wirkenden Medikamenten festlegen. Folgerichtig erklärt das Bundesverfassungsgericht daher zwar den früheren § 217 StGB als verfassungswidrig, stößt aber zugleich die Türe möglicher künftiger Regulierung weit auf, die sowohl dem Strafrecht als auch anderen Rechtsgebieten zugeordnet sein kann.

In einer weniger vulnerablen Gesellschaft hätte die Reaktion auf die Verfassungswidrigkeit von § 217 StGB nicht darin gelegen, postwendend über alternative Wege zur Regulierung der Suizidassistenz nachzudenken. Der Stärkung einer Rechtsposition ließe sich mit Selbstverantwortung begegnen. Risiken für die Selbstbestimmung suizidwilliger Personen gab es schließlich bereits in den letzten 140 Jahren (und selbstverständlich darüber hinaus). Gesellschaftlich wurden sie bloß nicht als so bedeutsam eingeschätzt, als dass darauf mit Sanktionen oder anderen hoheitlichen Akten reagiert werden musste. Spiegelbildlich bedeutet dies, dass die vorhandenen Risiken bislang als solche eingestuft wurden, denen sich der einzelne Mensch selbstverantwortlich entgegenstellen kann. Die Einsicht in die besondere Bedeutung des Rechts auf selbstbestimmtes Sterben müsste nicht mit einer erhöhten staatlichen Eingriffsmacht beantwortet werden. Im Gegenteil: Grundrechte sind verfassungsrechtlich als Abwehrrechte des Bürgers gegen den Staat gedacht. In dieser Logik erweist es sich aber als wenig schlüssig, wenn die Stärkung einer grundrechtlichen Rechtsposition unmittelbar damit verknüpft wird, den Staat mit immer neuen und umfangreicheren Eingriffsbefugnissen auszustatten, die gerade auch diese Rechtsposition einschränken. Grundrechte werden dann in erster Linie nicht als Abwehrrechte, sondern als Schutzrechte des Einzelnen gegenüber Dritten verstanden, wobei der Schutz seitens der Obrigkeit zu garantieren ist.

Dieser Paradigmenwechsel weist im Bereich der Suizidassistenz noch eine weitere Facette auf. Mögliche Regulierungsakte zum Schutz der Selbstbestimmungsfreiheit Sterbewilliger sollen nämlich nicht bloß dazu dienen, Angriffe *Dritter* abzuwehren. Schützen sollen sie das Leben gerade auch vor dem Sterbewilligen selbst. Letzterer soll nämlich durch neue Gesetze vor unüberlegten Entscheidungen und damit letztlich vor sich selbst bewahrt werden. Indes hat es Gefahren für den freiverantwortlichen Willen des Sterbewilligen zum Beispiel durch äußeren Druck schon immer gegeben. Dass der Druck zugenommen habe, ist empirisch nicht belegt.[55] Gleichwohl zum Beispiel durch Verfahrensregeln für den Zugang zu tödlichen Medikamenten auf stärkeren Schutz des Sterbewilligen vor seiner eigenen Entscheidung zu setzen, lässt sich mit gewachsenen Vulnerabilitätsannahmen erklären: Je schwächer der Einzelne, desto weniger ist er dazu in der Lage, selbstverantwortlich über die eigenen Rechtsgüter zu verfügen. Hier zeigt sich ein Misstrauen gegenüber der Ausübung von selbstverantworteter Freiheit, das im Kontext der Suizidassistenz institutionalisiert wird. Von der Entdeckung des besonderen Werts des Rechts auf selbstbestimmtes Sterben bleibt dann am Ende nicht viel übrig. Gerade dieser hohe Rang ist es, der in einer vulnerablen Gesellschaft dazu veranlasst, die Schutzmechanismen deutlich hochzufahren – und damit dem Einzelnen eine Freiheit zu nehmen, die ihm über 140 Jahre lang zustand.

Das Selbstbestimmungsrecht und die neue Vulnerabilität der schwangeren Frau

Schwangere Frauen sind verletzlich. Nicht nur sind sie erhöhten Gesundheitsrisiken ausgesetzt. Weil sich ihr Körper stark verändert und die Schwangerschaft physisch anstrengend sein kann, sind sie nicht selten auch psychisch belastet. Hinzu treten gesellschaftliche Erwartungshaltungen an die Lebensführung einer Schwangeren, die mitunter als übergriffig empfunden werden und zusätzlichen psychischen Druck ausüben können. Zudem ändert sich mit der Geburt eines Kindes in aller Regel vieles im Leben der Mutter. Bereits in der Schwangerschaft bereiten sich die meisten Frauen emotional auf die anstehenden Umbrüche vor, was wiederum neben anderen Faktoren ihre besondere Verletzlichkeit in dieser Lebensphase steigert.

Der Fokus in der gegenwärtigen gesellschaftlichen Wahrnehmung der Verletzlichkeit von schwangeren Frauen richtet sich allerdings nicht auf diese Faktoren. Die Vulnerabilität der Schwangeren scheint sich vielmehr vornehmlich dann zu offenbaren, wenn es um deren Freiheit zur *Beendigung ihrer Schwangerschaft* geht. Dabei handelt es sich weder um eine neue noch eine überraschende Einsicht, dass der Wunsch, eine Schwangerschaft abzubrechen, die betroffene Frau in besonderer Weise verletzlich werden lässt. Das hängt bereits damit zusammen, dass die Schwangere von ärztlicher Hilfe abhängig ist, um einen für ihre Gesundheit weniger risikoreichen Schwangerschaftsabbruch durchzuführen. In Eigenregie vorgenommene Abtreibungen sind in aller Regel lebensgefährlich. Die Vulnerabilität der schwangeren Frau erwächst hier also in erster Linie aus dem Angewiesensein auf andere: auf Ärzte, die sich hierzu bereit erklären, und auf eine Gesellschaft, die diese Entscheidung prinzipiell akzeptiert und daher legale Formen des Schwangerschaftsabbruchs vorsieht.

Doch auch wenn dies gewährleistet ist, bleibt der Wunsch nach einem Schwangerschaftsabbruch ein Faktor, der die Schwangere vulnerabel macht. Denn trotz der Möglichkeit zur legalen Beendigung der Schwangerschaft sieht sich die betroffene Frau bei einem Abbruch mit einer Vielzahl gegenläufiger Moralvorstellungen konfrontiert, die in der Gesellschaft nach wie vor vertreten sind. Nicht wenige Menschen kritisieren zum Beispiel aus religiösen Gründen die derzeitige Rechtslage in Deutschland, die einen Schwangerschaftsabbruch bis zur 12. Schwangerschaftswoche legal ermöglicht und unter bestimmten Bedingungen auch einen Spätschwangerschaftsabbruch vorsieht. Auch in ihrem privaten Umfeld kann die schwangere Frau Anfechtungen ausgesetzt sein, wenn sie sich gegen die Weiterführung der Schwangerschaft entscheidet. Der Vater des Ungeborenen oder andere Familienangehörige können einen Kinderwunsch hegen und der Schwangeren daher die emotionale Unterstützung versagen, sie scharf für ihre Entscheidung kritisieren oder auf andere Weise versuchen, sie von deren Umsetzung abzuhalten.

Einsichten in die Verletzlichkeit schwangerer Frauen im Fall eines Abbruchwunsches und der daraus resultierenden Schutzbedürftigkeit ihrer freien Selbstbestimmung haben bereits vor Jahrzehnten zur teilweisen Legalisierung des Schwangerschaftsabbruchs geführt. Dabei handelt es sich der Sache nach um einen Kompromiss – zwischen unterschiedlichen gesellschaftlichen Lagern, die entweder größeres Gewicht auf den Lebensschutz oder auf die Selbstbestimmungsfreiheit der Schwangeren legen. Wenngleich immer wieder aus unterschiedlichen Gründen mitunter berechtigte Kritik an diesem Kompromiss geäußert wurde, ist ihm immerhin *eines* gelungen: eine weitgehende Befriedung der Gesellschaft in Sachen Schwangerschaftsabbruch, die in anderen

Teilen der Welt nicht ansatzweise so vorherrscht. Gleichwohl ist gerade in der jüngeren Vergangenheit auch in Deutschland Bewegung in die Debatte gekommen, wie umfangreich das Selbstbestimmungsrecht schwangerer Frauen rechtlich geschützt werden sollte. Wenngleich sich an den äußeren Umständen im Wesentlichen nichts geändert hat – und im Gegenteil sogar von einer verglichen mit früheren Jahrzehnten mehrheitlich geringeren gesellschaftlichen Stigmatisierung des Abbruchwunschs ausgegangen werden kann[56] –, erscheint die geltende Rechtslage in Zeiten verstärkter Vulnerabilitätsannahmen als ein unzureichender Schutz schwangerer Frauen. Hier müsse nachjustiert werden, um die Schwangere möglichst von Beeinträchtigungen ihrer Entscheidung freizuhalten, der eigenen Schwangerschaft ein Ende zu setzen.

Erneut zeigt sich der für vulnerable Gesellschaften mehrfach beschriebene Schluss: Weil schwangere Frauen als noch vulnerabler eingeschätzt werden, als dies bislang schon der Fall war, lauern für ihre Selbstbestimmungsfreiheit auch mehr bzw. gewichtigere Risiken als zuvor. Wo? Zum Beispiel auf offener Straße, wenn nämlich Abtreibungsgegner die schwangere Frau auf ihrem Weg zu einer Abtreibung auf ihr Vorhaben ansprechen und vom Gegenteil zu überzeugen versuchen. Sogenannte Gehsteiganspracchen sind in Deutschland zwar nach wie vor kein häufiges Phänomen. Gleichwohl sind sie mittlerweile in den Fokus des Gesetzgebers gerückt, weshalb der Koalitionsvertrag 2021 ankündigt, ihnen «wirksame gesetzliche Maßnahmen» entgegenzusetzen.[57] Das kann freilich vieles bedeuten – an eine gesetzliche Sanktionierung lässt zumindest ein Gutachten vom Juni 2021 denken, das im Auftrag der Heinrich-Böll-Stiftung angefertigt wurde. Vorgeschlagen wird darin ein sogenannter Ordnungswidrigkeitentatbestand, nach dem sanktioniert werden kann, «wer in Sicht- oder Rufweite einer anerkannten Beratungsstelle oder einer Einrichtung, die

Schwangerschaftsabbrüche vornimmt, die Ratsuchenden durch gezieltes Ansprechen oder sonstige Ausübung von Zwang oder Druck zu beeinflussen oder sie am Zugang zu hindern versucht.»[58]

Bemerkenswert ist an diesem Vorschlag die Gleichsetzung einer gezielten Ansprache mit der *sonstigen* «Ausübung von Zwang oder Druck». Es ist zutreffend, dass selbst die bloße verbale Ansprache (übrigens ebenso wie jede Konfrontation mit einer anderen schwangeren Frau oder gar einer Familie mit Kindern) das allgemeine Persönlichkeitsrecht der Schwangeren, die den Wunsch einer Abtreibung hegt, *betrifft*. In all diesen Situationen kann sie sich nämlich dazu veranlasst sehen, ein weiteres Mal über die Richtigkeit der eigenen Entscheidung *nachzudenken*. Ebenso stimmt es, dass die schwangere Frau, vor allem auf dem Weg zur Durchführung des Schwangerschaftsabbruchs, besonders verletzbar ist. Selbst ein lang erwogener Entschluss kann in der Unmittelbarkeit seines Vollzuges bzw. wenige Momente zuvor erneut ins Wanken geraten. Wer es sich vorab nicht leicht damit gemacht hat, wird durch eine neuerliche Konfrontation unter Umständen in den eigenen Gedankenprozess zurückgeworfen und durchlebt möglicherweise die bereits gefühlten negativen Emotionen ein weiteres Mal.

In einer vulnerablen Gesellschaft liegt es nahe, hieraus staatliche Eingriffsbefugnisse zugunsten der Selbstbestimmungsfreiheit der Schwangeren abzuleiten. Der Fokus auf die Schwangere scheint dabei vergessen zu lassen, dass ihrer Rechtsposition berechtigte Interessen der anderen Beteiligten entgegenstehen – deren Meinungs- und häufig Religionsfreiheit, aber gerade auch das Lebensrecht des ungeborenen Kindes, dessen Schutz die Ansprache der Mutter kurz vor Durchführung der Abtreibung dienlich sein kann. Hat die Schwangere ein Recht, hiervon verschont zu bleiben? Ist jedes im zeitlichen oder räumlichen Zusammenhang mit der Abtreibung stehende Ansprechen mit dem Ziel, sie von ihrer Entscheidung abzubringen, eine «Ausübung von Zwang und Druck», wie es das Gutachten nahelegt – und zwar solchen Zwangs und Drucks, wie er rechtlich untersagt werden sollte? Das Verwaltungsgericht München erklärte hierzu noch im Jahr 2016:

> Eine offene, demokratische und pluralistische Gesellschaftsordnung wie die des Grundgesetzes, für die die Meinungsfreiheit ‹schlechthin konstitutiv› ist, verträgt grundsätzlich keine diskursfreien Zonen. Öffentliche Bereiche, in denen die Begegnung mit anderen Ansichten und Vorstellungen staatlicherseits von vornherein in der Art einer ‹Bannmeile› tabuisiert wird, widersprechen dem grundlegenden freiheitlichen Konzept einer integrativen Bewältigung von Konfliktlagen, auch wenn dies im vorliegenden Fall für die Frau in ihrer spezifischen Situation eine zusätzliche Belastung darstellen sollte. Deshalb kann ein Totalverbot, Frauen auf diese Situation anzusprechen und sie mit einer bestimmten Haltung zur Abtreibung zu konfrontieren, vor dem Hintergrund dieses Freiheitsverständnisses nur in extremen Ausnahmesituationen gerechtfertigt werden.[59]

Das Verwaltungsgericht München legte seiner Entscheidung ein Maß an individueller Selbstverantwortung schwangerer Frauen zugrunde, wie es sich mit den gegenwärtig immer weiter anwachsenden Zuschreibungen von Vulnerabilität kaum vereinbaren lassen dürfte. Einer vulnerablen Gesellschaft ist es nicht genug, Abtreibungsgegner lediglich für Straftaten zu ahnden, die bereits nach der geltenden Rechtsordnung als solche erfasst sind. Geschützt werden soll die Schwangere auch vor Gesprächsangeboten und Kritik. Dem liegt freilich eine besonders einseitig auf die Vulnerabilität der Schwangeren fokussierende Wertung zugrunde. Nicht zuletzt das Lebensrecht des Ungeborenen wird auf diese Weise weit hintenangestellt, für das die Ansprache durch Abtreibungsgegner buchstäblich die letzte Chance sein kann. Zurückzustehen haben außerdem deren Freiheitsrechte, wobei nicht zuletzt die Schwangere selbst infolge neuer Regulierung Freiheit verliert: Ihre Diskursräume werden verengt, ihre Selbstverantwortung zunehmend beschnitten.

Dabei zeigt sich am Beispiel rechtlicher Vorschriften, die die Selbstbestimmungsfreiheit der Schwangeren betreffen, dass Vulnerabilitätsannahmen alles andere als ausgewogen verteilt sein müssen. Denn sowohl in Bezug auf die Regulierung von Gehsteigansprachen als auch hinsichtlich der aktuellen Debatte um eine mögliche Streichung des § 218 StGB (Schwangerschaftsabbruch) liegt der Fokus auf der Verletzlichkeit der Schwangeren. Kaum zu bestreiten ist aber, dass der Embryo im Mutterleib seinerseits eine besonders verletzliche Position einnimmt. Seine Angewiesenheit auf Dritte ist absolut, Angriffen auf sein Leben vermag er nichts entgegenzusetzen. Sollte es zur weiteren Legalisierung des Schwangerschaftsabbruchs kommen, würde die Stärkung des Selbstbestimmungsrechts Schwangerer eine deutliche Verkürzung der Rechtsposition des ungeborenen Lebens bewirken. Hier scheint eine Schwäche des Kriteriums der Vulnerabilität innerhalb rechtlicher Wertungsprozesse auf: Es kann dazu verleiten, den Blick einseitig auf eine bestimmte Rechtsposition zu verengen und dabei anderweitige Freiheitsinteressen über Gebühr zu vernachlässigen – eine Schwierigkeit, die sich im nächsten Beispiel des rechtlichen Umgangs mit der Corona-Pandemie noch deutlicher zeigt.

Pandemiepolitik der vulnerablen Gesellschaft

Anhand der Corona-Pandemie lassen sich verschiedene Charakteristika eines durch Vulnerabilitätsvorstellungen beeinflussten Rechts aufzeigen. Zu denken ist *erstens* an die in diesem Kontext wie schon am Beispiel des Schwangerschaftsabbruchs zu beobachtende Einseitigkeit in der Zuschreibung und Anerkennung besonderer Verletzlichkeit. In der Pandemie erwies sich die Gesellschaft als sensibel gegenüber den Belangen derer, für die *das Virus* eine erhebliche Gesundheitsgefahr darstellte. Sämtliche Freiheitseinschnitte, die der Bekämpfung der Pandemie dienten – wie etwa Ausgangssperren, Reiseverbote, Betriebsverbote oder Schulschließungen – wurden vorrangig mit dem Schutz der Älteren und spezifisch Vorerkrankten gerechtfertigt. Dass die Pandemie allerdings bei einer umfassenden Betrachtung eine Vielzahl weiterer Vulnerabilitäten verursachte, wurde zumeist übersehen. Die Rede ist beispielsweise von den Gefahren für die psychische und physische Gesundheit von Kindern und Jugendlichen, die über zwei Jahre vom gesellschaftlichen Leben, insbesondere von Bildungs- und Freizeitangeboten vollständig oder zumindest teilweise ausgeschlossen wurden. Selbst wenn die damit einhergehenden Risiken erkannt wurden, führten sie am Ende nicht zu einem Umlenken in der Politik. Gegenwärtig gibt man sich in diesem Punkt zumeist einsichtsvoll[60] – zu dramatisch und folgenschwer sind die Schäden, die junge Menschen infolge der Pandemiemaßnahmen erlitten haben, als dass man sie noch ignorieren könnte.[61]

Es ist müßig zu diskutieren, ob die der Pandemiepolitik zugrundeliegende Schlagseite (Schutz der Älteren und Vorerkrankten) darauf zurückzuführen ist, dass Vulnerabilität infolge von Wissensdefiziten bloß einseitig zugeschrieben wurde, oder ob es daran lag, dass die besondere Verletzlichkeit anderer Gruppen zwar erkannt, aber nicht angemessen *zuerkannt* wurde. In jedem Fall zeigt sich hier die *zweite* Besonderheit der Einflussnahme gewachsener Vulnerabilitätsvorstellungen auf die Rechtsentwicklung. Diese liegt darin, dass der bloße Verweis auf das Vorliegen von Vulnerabilität scheinbar als Argument hinreicht, um selbst besonders weitreichende Freiheitseinschnitte zu rechtfertigen.[62] Wie schon im Bereich der Ausweitung des Sexualstrafrechts zeigt sich die Tendenz vulnerabler Gesellschaften, auf die Verletzlichkeit bestimmter Menschen durch eine weitgehende Vernachlässigung des rechtlich eigentlich gebotenen Schritts einer Abwägung widerstreitender Interessen («Verhältnismäßigkeit») zu reagieren. Weil ältere und vorerkrankte Menschen angesichts der Pandemie besonders verletzlich waren, folgt hieraus ohne Umschweife eine umfassende staatliche Schutzpflicht – in die Abwägung mit gegenläufigen Freiheitsrechten anderer Gesellschaftsmitglieder wird dann erst gar nicht eingetreten bzw. sie wird als eindeutig (zugunsten der Vulnerablen) vorentschieden betrachtet. Eine Konsequenz hiervon lag darin, dass sich diejenigen mitunter besonders scharfe Kritik einhandelten, die darauf hinwiesen, dass selbst Maßnahmen zum Schutz vor Pandemiegefahren einer verfassungsrechtlichen Verhältnismäßigkeitsprüfung unterzogen werden müssen.[63]

Drittens: Der gesellschaftliche Umgang mit der Pandemie steht als weiteres Beispiel für eine zunehmende Verschiebung von Risikoakzeptanz infolge wachsender Vulnerabilitätsannahmen. Wer als vulnerabel gilt, der darf in dieser Logik nicht auf Eigenverantwortung verwiesen werden. Hingegen hat sich der Staat seiner durch neue Gesetze und sonstige Maßnahmen schützend anzunehmen. Wie schon in anderen rechtlichen Bereichen gesehen, führt dies unweigerlich zu einer Reduktion individueller Selbstverantwortung. Im Kontext der Pandemie blieb davon kaum mehr etwas übrig. Staatliche Regulierung setzte sich bis in die privatesten Bereiche der persönlichen Lebensführung fort, was einer individuellen Risikovorsorge weitestgehend die Luft abschnürte. Argumentativ gelang dies in erster Linie durch eine besonders weitgehende Umdeutung von Selbstverantwortung in Fremdverantwortung. Aufgrund des Risikos, infolge einer eigenen Infektion auch andere Personen anzustecken, war Gesundheit während der Coronapandemie keine Privatangelegenheit mehr. Es trifft zu, dass die eigene Gesundheit aufgrund des Ansteckungspotenzials auch andere betrifft. So richtig dieser Gedanke ist, so sehr bedarf er einer strengen Einbettung in das Prinzip der Verhältnismäßigkeit. Anderenfalls droht eine Ausdehnung staatlicher Risikovorsorge, die prinzipiell ins Unendliche reicht. Dieser Befund lässt sich im Kontext der Coronapandemie gerade auch am Umgang mit sonstigen Rationalisierungsversuchen aufzeigen. Für den gesellschaftlichen Umgang mit Risiken spielt es eine wichtige Rolle, diese ins Verhältnis zu setzen zu sonstigem Risikoverhalten eben jener Gesellschaft. Gerade wenn mit der Risikovorsorge besonders erhebliche Freiheitseingriffe verbunden sind, wie dies in der Coronapandemie der Fall war, bedarf es eines *Maßstabs*, an dem eine Orientierung für die Aufrechterhaltung von Maßnahmen oder deren Ausgestaltung möglich ist. Daher wurde von verschiedener Seite frühzeitig darauf hingewiesen, dass ein Vergleich gezogen werden müsse mit dem gesellschaftlichen Umgang mit anderen Viruserkrankungen.[64] Anhand eines solchen Vergleichs könne dann entschieden werden, unter welchen Bedingungen Maßnahmen ergriffen werden dürfen bzw. beendet werden müssen.

Eine Ausrichtung der Pandemiepolitik am gesellschaftlichen Umgang mit anderen Viruserkrankungen wie der saisonalen Grippe forderten namhafte Philosophen wie Julian Nida-Rümelin.[65] Ein Vergleich sei – trotz aller Unterschiede zwischen Influenza und COVID-19 – anhand der durch die jeweilige Krankheit in den davon betroffenen gesellschaftlichen Gruppen ausgelösten *Letalität* vorzunehmen.[66] Selbst der in der breiten Öffentlichkeit anerkannte Virologe Christian Drosten, der während der Pandemie besonderen Einfluss in der Beratung politischer Entscheidungsträger geltend machen konnte, verglich das neuartige Coronavirus im Spätsommer 2020 mit der saisonalen Grippe: In der Altersgruppe zwischen 35 und 44 Jahren liege die Infektionssterblichkeit bei beiden Krankheiten in ungefähr demselben Bereich.[67]

Allerdings geriet dieser Vorschlag von Anfang an in die Kritik. In der nationalen Debatte stand die Singularität des neuartigen Coronavirus im Fokus, die einer Vergleichbarkeit mit anderen Viruserkrankungen wie etwa der jährlichen Influenza nach Auffassung vieler entgegenstand.[68] Hinzu kam, dass der Grippevergleich eben auch im Spektrum der sogenannten «Querdenken»-Bewegung bemüht wurde, die auf den Straßen Deutschlands gegen die Coronapolitik der Bundesregierung demonstrierten. Der Vergleich mit der saisonalen Grippe wurde so schnell zur Chiffre einer allgemeinen Verharmlosung der Gefährlichkeit des Coronavirus, was es erschwerte, ihn öffentlich zu formulieren, ohne sich dem Vorwurf auszusetzen, wissenschaftliche Fakten zu leugnen.

Aus risikoethischer Perspektive war die verbreitet anzutreffende, vehemente Ablehnung des «Grippevergleichs» freilich höchst irrational. Der Vergleich von Risiken liefert Orientierungssicherheit.[69] Gerade wenn es darum geht, ob der Staat teils massive Freiheitseingriffe an eine Risikobewertung knüpft, erlangt diese Orientierungssicherheit besondere Bedeutung für den Einzelnen und seine Freiheit. Dabei ist klar, dass nicht vorschnell Vergleichbarkeiten angenommen werden dürfen. Sie sollten aber auch nicht pauschal negiert werden. Auch im Hinblick auf COVID-19 war ein Vergleich mit alternativen Risiken möglich. Auf die deutsche Politik hatten diese Erkenntnisse freilich wenig Einfluss. Dies zeigt sich bereits daran, dass bis zum Ende der Pandemie keine verlässlichen Zahlen vorhanden waren bzw. von politischer Seite eingefordert wurden, die Aufschluss darüber geben konnten, wie viele Menschen *aufgrund* einer Coronainfektion oder bloß anlässlich einer anderen Erkrankung *mit* einer Coronainfektion stationär behandelt werden mussten bzw. verstarben. Dass einschneidende Freiheitseingriffe weit über den Zeitpunkt hinaus aufrecht erhalten blieben, zu dem etwa im Zusammenhang mit der jährlichen Influenza keinerlei staatliche Einschränkungen gelten, kann damit kaum ausgeschlossen werden.

Angesichts der Tendenz vulnerabler Gesellschaften, bislang gekannte Risiken neu zu bewerten und ihnen ein höheres Maß an staatlicher Risikovorsorge entgegenzusetzen, kann dies auch nicht verwundern. In einer Vulnerabilitätslogik erweisen sich Risikovergleiche als problematisch. Entsprechende Rationalisierungsversuche knüpfen an gesellschaftliche Bedingungen an, die den Mitgliedern vulnerabler Gesellschaften nicht selten gerade als revisionsbedürftig erscheinen. Sie fragen nicht danach, wie der Umgang mit dem Coronavirus so ausgestaltet werden kann, dass er dem gesellschaftlichen Leben mit Influenza weitestgehend entspricht. Eher kritisieren sie den bisherigen Umgang mit der jährlichen Grippe als fahrlässig im Hinblick auf den Lebensschutz. Dieser erweist sich dann also nicht als maßstabsbildend, sondern im Gegenteil als revisionsbedürftig. Wenig überraschend wurden noch in der Pandemie Stimmen laut, die auch für die Grippewelle staatliche Schutzmaßnahmen wie etwa die Pflicht zum Tragen einer Mund-Nase-Bedeckung einforderten.[70]

Auch in der höchstrichterlichen Rechtsprechung des Bundesverfassungsgerichts lassen sich Spuren dieses Trends auffinden. Beispielhaft dafür steht der Beschluss zum «Impfnachweis (Masern)» aus dem Jahr 2022.[71] Darin bestätigt das höchste deutsche Gericht die Verfassungskonformität einer Vorschrift, worin u. a. die Betreuung von Kindern in einer Kindertagesstätte ab dem 1. Lebensjahr von einer Masernimpfung abhängig gemacht wird. Die Entscheidung ist vor dem Hintergrund von Interesse, dass sie noch während der Coronapandemie getroffen wurde, was vermuten lässt, dass sie im Lichte der (Neu-)Bewertung des gesellschaftlichen Umgangs mit Infektionskrankheiten zustande kam. Bemerkenswert an dem Beschluss ist nämlich, dass das Bundesverfassungsgericht die «Masernimpfpflicht» als verfassungskonform einstuft und damit den Umgang mit einem Risiko ändert, das die Gesellschaft seit vielen Jahrzehnten kennt und das in seiner Höhe durchaus überschaubar ist. Gleichwohl besteht von Seiten des Gesetzgebers offensichtlich gegenwärtig keine Bereitschaft mehr, dieses Risiko zu tolerieren – ein Wandel, den das Bundesverfassungsgericht unkritisch abnickt. Unkritisch ist die Entscheidung des Gerichts deshalb, weil es in der Begründung mit keinem Wort *wertend* darauf eingeht, dass in Deutschland in den Jahren 2014 bis 2018 ca. 3200 Masernfälle aufgetreten sind, von denen 28% auf das Umfeld medizinischer Einrichtungen, Betreuungseinrichtungen und Einrichtungen für Asylsuchende entfallen – wobei unklar bleibt, wieviel Prozent genau auf Kindertagesstätten verteilt sind. Regionale Unterschiede bleiben unbeachtet, zeitliche Aspekte unterbelichtet. Ein Selbstschutz durch eine Impfung ist frühestens ab dem 9. Lebensmonat möglich. Es hätte daher nahegelegen, dass das Bundesverfassungsgericht die Prüfung des Gesetzes davon abhängig macht, wie viele Personen insgesamt tatsächlich in Kitas auf Fremdschutz angewiesen sind. In dem bevölkerungsstarken Land Nordrhein-Westfalen sind gegenwärtig ca. 1800 der in der öffentlich geförderten Kindertagespflege betreuten Kinder unter einem Jahr alt.[72] Zahlen dazu, wie viele Kinder tatsächlich unter neun Monate alt sind und daher selbst nicht geimpft werden können, ließen sich nicht ermitteln – sie dürften wiederum deutlich niedriger ausfallen.

In einer Blickverengung auf das alleinige Ziel des Schutzes Vulnerabler spielt all dies freilich keine Rolle. Hingegen genügt in dieser Logik die Feststellung, dass Kinder unter neun Monaten, die in Kindertagesstätten betreut werden, *vulnerabel sind,*[73] weil sie sich selbst nicht durch Impfung vor einer Maserninfektion schützen können, um eine so einschneidende Freiheitsbeschränkung wie eine Pflicht zur Impfung zu rechtfertigen. Das Bundesverfassungsgericht macht es sich selbst zwar nicht ganz so einfach und prüft durchaus die widerstreitenden Interessen derer, die durch das Gesetz gegen ihren Willen zur Impfung verpflichtet werden. Jedoch ist diese Verhältnismäßigkeitsprüfung nicht zuletzt aufgrund der Außerachtlassung der Betroffenenzahlen mehr als halbherzig, zumal das Bundesverfassungsgericht schlussendlich dem Gesetzgeber einen weiten Spielraum und sich selbst bloß eine Vertretbarkeitskontrolle einräumt.[74] In diesem Rückzug von seinem eigenen verfassungsrechtlichen Auftrag liegt allerdings deutlich mehr als ein fragwürdiges Rollenverständnis des höchsten Verfassungshüters. So kommt darin die Bereitschaft des Gerichts zum Ausdruck, der erhöhten Risikoaversion einer vulnerablen Gesellschaft kein Gewicht entgegenzusetzen. Im Gegenteil: Auch wenn die Masern *schon immer* für Kinder unter neun Monaten in Betreuungseinrichtungen ein Infektionsrisiko darstellten und dies schon lange bekannt war, handelt es sich dabei mittlerweile um ein Risiko, das der Gesetzgeber nicht länger akzeptiert. Und solange diese Wertung «vertretbar» ist, mahnt auch das Bundesverfassungsgericht solche Grenzverschiebungen im gesellschaftlichen Risikoverhalten nicht an. Vulnerabilitätsvorstellungen erhalten also zumindest in Gesundheitsfragen auch von Seiten des Bundesverfassungsgerichts viel Raum zur rechtlichen Entfaltung. Wie auch in anderen Bereichen wird dieser Spielraum für eine Reduktion von Selbstverantwortung[75] genutzt, die in ausgeweiteter staatlicher Risikovorsorge mündet und auf diesem Wege individuelle Freiheit zugunsten der Erwartung von mehr Sicherheit reduziert. In der Steigerungslogik vulnerabler Gesellschaften dürfte dies nicht der letzte Schritt gewesen sein.

4 Diskursvulnerabilität

Wir haben gesehen, wie wachsende Annahmen der besonderen Verletzlichkeit von Menschen in ganz verschiedenen Lebensbereichen dazu führen können, dass Eigenverantwortung und damit individuelle Freiheit zugunsten staatlicher Hoheitsbefugnisse schrumpfen. Freiheitseinbußen ergeben sich allerdings nicht bloß daraus, dass Gesetze modifiziert werden, um von staatlicher Seite den Verletzlichen der Gesellschaft mehr Schutz angedeihen zu lassen. Sie drohen gegenwärtig auch aus einer anderen Richtung: von einem Phänomen, das mit der allgemeinen Zunahme von Verletzlichkeitszuschreibungen und den daraus resultierenden gesetzlichen Änderungen nicht bloß zufällig einhergeht. Ich möchte dieses Phänomen als *Diskursvulnerabilität* bezeichnen. Darunter verstehe ich eine besondere Verletzlichkeit in der gegenseitigen Kommunikation, die auf ganz unterschiedlichen Gründen beruhen kann, die wir sogleich näher betrachten wollen. Dabei kann es angesichts einer Konjunktur allgemeiner Vulnerabilitätszuschreibungen alles andere als überraschen, wenn sich dieser Trend einer verstärkten Empfindlichkeit in der Art und Weise niederschlägt, wie die Gesellschaft miteinander kommuniziert. Worte können verletzen – selbst, wenn sie nicht die Grenze zum Ehrangriff überschreiten. In einem Klima gesteigerter Sensibilität liegt es nahe, dass auch für diesen Bereich gesellschaftlicher Interaktion ein besonderes Problembewusstsein entwickelt wird. In der Folge wird sowohl die eigene als auch die Rolle anderer Menschen in Debatten kritisch reflektiert. Die Kommunikation selbst wird als Feld ausgemacht, in dem zum Schutz verletzlicher Personen Korrekturen vorgenommen werden müssen. Gemeint sind damit neue Regeln darüber, was, wie und von wem gesagt werden darf, um dabei das Gegenüber nicht zu verletzen. Dies alles fußt auf einer erhöhten Sensibilität gegenüber der Rolle, die der andere in einem Gespräch einnehmen kann. Hier wird sich geöffnet gegenüber potenziellen Gefühlsverletzungen, die durch ein Mehr an Rücksicht verhindert werden sollen.

Meine These lautet, dass Diskursvulnerabilität als Ursache für eine gegenwärtig von vielen wahrgenommene[1] allgemeine Verrohung des gesellschaftlichen Diskurses bzw. Verschlechterung des Diskursklimas angesehen werden kann. Dies mag im ersten Zugang paradox anmuten, denn sollte nicht die besondere Verletzlichkeit in der Kommunikation darin münden, dass Diskurse rücksichtsvoller und gerade nicht *roher* geführt werden? Dieser vermeintliche Widerspruch lässt sich allerdings auflösen, wenn man bedenkt, dass Verletzlichkeiten Abwehrreaktionen hervorrufen. Umso höher das eigene Interesse daran gewichtet wird, im Diskurs nicht verletzt zu werden, desto näher liegt es, selbst besonders abwehrend gegenüber potenziellen Verletzungen zu reagieren. Das Resultat ist dann eine deutliche Verschlechterung des Diskursklimas, das sich nicht zuletzt darin äußert, dass immer weniger (offen) miteinander gesprochen wird. Dies wiederum wirkt sich negativ auf die Gewährleistung von Freiheit in einem demokratischen Gemeinwesen aus, dessen Herzstück der freie öffentliche Diskurs ist.

Um diese These zu begründen, möchte ich in einem ersten Schritt näher erläutern, was ich unter Diskursvulnerabilität verstehe. Im Anschluss daran werden Beispiele für die allgemeine Verschlechterung des gesellschaftlichen Diskurses angeführt, die ich auf Diskursvulnerabilität zurückführe. Diese Beispiele sind den Debatten über die Corona-Pandemie, den Krieg in der Ukraine, den Klimaschutz sowie dem Diskursraum der Universität entnommen. Anhand dieser Beispiele werde ich darlegen, in welcher Weise Diskursvulnerabilität eine relevante Ursache für auftretende Diskursverschlechterungen sein kann. Dabei geht es mir wie schon im vorangehenden Kapitel nicht darum, *inhaltlich* in die jeweiligen Debatten einzusteigen. Eine Positionierung in den Kulturkämpfen, die gegenwärtig in Bezug auf unterschiedliche Fragen wie etwa das Ausmaß nationaler militärischer Unterstützungsleistungen für die Ukraine oder notwendiger Maßnahmen zum Klimaschutz toben, werde ich nicht vornehmen.

Nicht darin hineingezogen zu werden, erweist sich aber natürlich als durchaus schwierig. So kommt eine Kritik der *Art und Weise, wie Diskurse derzeit häufig geführt werden*, nicht ganz ohne Bezugnahme auf die unterschiedlichen Positionierungen in der jeweiligen Debatte aus. Zum Beispiel: Dem Diskurs in Bezug auf den Krieg in der Ukraine kann keine Verrohung attestiert werden, sofern nicht näher dargelegt wird, wie darin unterschiedliche Akteure im Hinblick auf ausgetauschte Argumente miteinander gesprochen haben. Die Kritik am Diskurs kann dann schnell als Kritik am jeweiligen Sachargument bzw. der jeweiligen Position missverstanden werden. Wenn also etwa den Befürwortern von Waffenlieferungen an die Ukraine attestiert wird, im Diskurs mit ihren Kritikern unsachlich vorgegangen zu sein, könnte dies fehlgedeutet werden als eigene Positionierung – in diesem Fall gegen entsprechende Lieferungen. Letztlich ist aus meiner Sicht gerade die bei vielen Menschen anzutreffende Schwierigkeit, Kritik am Diskurs von der Kritik an der inhaltlichen Aussage zu trennen, ein Beleg für grassierende Diskursvulnerabilität. Vor diesem Hintergrund erscheint es mir so bedeutsam, vorab ausdrücklich auf diese Schwierigkeit hinzuweisen: Die von mir vorgenommene Diskurskritik ist eine Kritik am «Wie» – und nicht etwa an der einen oder anderen Auffassung, die im Diskurs vertreten wurde und wird. Diese Klarstellung ist auch deshalb bedeutsam, weil eine Vielzahl der von mir herangezogenen Beispiele gerade auch diejenigen in ihrer Diskursweise kritisiert, die gesellschaftlich zu den «Schwächeren» zählen. Eine Diskurskritik kann dann wiederum missverstanden werden als Eintritt in einen Kulturkampf, der sich gegen die sozial Marginalisierten richtet.

Der Einwand wäre aber in zweifacher Hinsicht verfehlt: zum einen deshalb, weil eine inhaltliche Positionierung zu den jeweiligen Debatten meinerseits nicht erfolgt. Zum anderen aber auch aus dem Grund, weil ich aufzeigen möchte, dass Diskursvulnerabilität gerade kein Merkmal einzelner gesellschaftlicher Gruppen wie etwa sozial marginalisierter Personen ist. Vielmehr handelt es sich dabei um ein gesamtgesellschaftliches Problem, was die sogleich näher diskutierten Beispiele belegen. Diskursvulnerabel erscheinen mir derzeit nahezu alle – besondere Verletzlichkeit in der Kommunikation findet sich nämlich nicht bloß bei Minderheiten, sondern gerade auch bei jenen, die sich mit Fug und Recht zu einer starken Mehrheit zählen dürfen. Nicht zuletzt aus diesem Grund werden die Debatten über den russischen Angriffskrieg auf die Ukraine und die Pandemie von mir als Beispiel herangezogen: Hier zeigt sich in besonderer Deutlichkeit, dass gerade auch die Angehörigen einer gesellschaftlichen Mehrheit diskursvulnerabel auftreten. Diskursvulnerabilität ist damit ein gesamtgesellschaftliches Phänomen. Sie ist zugleich aber ein nicht zu unterschätzendes Risiko für ein demokratisches Gemeinwesen, was ich im letzten Teil dieses Kapitels näher begründe. Verschlechterungen der gesellschaftlichen Debattenkultur können zu individuellen Freiheitsverlusten führen. Mit dieser These ist zugleich der Bogen gespannt zur Frage nach dem allgemeinen Verhältnis von Vulnerabilität und Freiheit. Ich möchte darlegen, wie Diskursvulnerabilität ihrerseits dazu beiträgt, dass individuelle Freiheitsräume verkürzt werden – und dies nicht bloß deshalb, weil Redefreiheit beschränkt wird. Damit ist nicht gesagt, dass es neben der Diskursvulnerabilität nicht auch ganz andere Gründe dafür gibt, weshalb öffentliche Diskurse gestört werden können – Gründe, die zum Beispiel in gesellschaftlichen wie medialen Machtstrukturen liegen. Allein dies ist nicht Gegenstand dieses Textes, der ausschließlich durch das Brennglas der Vulnerabilität auf gegenwärtige gesellschaftliche Debatten blickt.

Was Diskursvulnerabilität ist und was aus ihr folgt

Zunächst zum Begriff: Mit «Diskursvulnerabilität» sind besondere Verletzlichkeiten gemeint, die Menschen *im Gespräch* mit anderen *aufgrund des Gesprächs selbst* aufweisen. Worte können verletzen, aber nicht bloß, weil sie die Grenze zum strafbaren Ehrangriff überschreiten. Ein verletzender Effekt kann bereits eintreten, wenn über bestimmte Themen gesprochen wird oder in einer Debatte spezifische Argumente herangezogen werden.[2] Wie wir schon im Bereich der rechtlichen Behandlung von sogenannten Gehsteigansprachen gesehen haben, besteht die Möglichkeit, dass schon die bloße Konfrontation mit einem Thema negative Gefühle auslöst. Dies gilt nicht allein für den Bereich des Schwangerschaftsabbruchs. Wer etwa gesellschaftliche Diskriminierung aufgrund seiner Geschlechtsidentität als Transperson erfahren hat, für den kann eine öffentliche Debatte über das biologische Geschlecht verletzend sein. Der Grund: Die betreffende Person kann in einer solchen Diskussion einen Angriff auf ihre eigene Geschlechtsidentität sehen, die durch das Berufen auf biologische Erkenntnisse marginalisiert werde. Der abstrakte Diskurs wird dann auf die eigene Person angewendet und in der Folge als persönlicher Angriff gewertet, der verletzt.

Und: Es kann verletzen, wenn im Diskurs bestimmte *Personen* zu Wort kommen. Dies ist zum Beispiel dann der Fall, wenn sich die Betreffenden durch frühere Äußerungen als Gesprächspartner erwiesen haben, die verletzende Themen oder Argumente zur Sprache bringen bzw. selbst Meinungen vertreten, die andere als verletzend empfinden. Dürfen sich solche Personen später ein weiteres Mal öffentlich äußern, kann dies als Stärkung ihrer Position begriffen werden. Weil diese Position aber andere verletzt, erweist sich jede erneute öffentliche Stellungnahme des Betreffenden als Wiederholung oder Vertiefung des bereits einmal erfolgten «Angriffs». Zum Beispiel kann es von einem geflüchteten Menschen als verletzend empfunden werden, wenn in einer öffentlichen Debatte zum Thema Migration Personen einbezogen werden, die sich schon in der Vergangenheit besonders kritisch dazu geäußert haben. Selbst wenn der Betreffende weder hetzerisch noch rassistisch aufgetreten ist, können seine Sachargumente andere verletzen, indem sie einem Geflüchteten das Gefühl vermitteln, nicht gewollt zu sein.

Diskursvulnerabilität kann sich aus unterschiedlichen Gründen ergeben. Sie kann *erstens* in einem Zusammenhang mit dem *Gegenstand* des Diskurses stehen. Dies ist der Fall, wenn das konkrete Diskursthema in der Lebenswirklichkeit Anlass zu Vulnerabilität bietet. Eben jene im eigenen Leben erfahrene besondere Verletzlichkeit setzt sich sodann im Diskurs fort. Zum Beispiel: Transpersonen sind nach wie vor gesellschaftlicher Diskriminierung ausgesetzt, die ihre Lebensführung mitunter erheblich beeinträchtigt. Eben dies trifft auch auf geflüchtete Menschen zu, die in ihrem Alltag mit Vorurteilen und Stigmatisierung zu kämpfen haben. Diese besondere Verletzlichkeit wird in gesellschaftlichen Debatten über Migration oder das biologische Geschlecht zur Sprache gebracht. Die Diskursvulnerabilität der von der Debatte persönlich Betroffenen ist dann als ein Reflex zu verstehen. Sie folgt unmittelbar aus einer Vulnerabilität, die sich für sie aus bestimmten individuellen oder gesellschaftlichen Gründen ergibt.

Man kann sagen: Die Diskursvulnerabilität ist hier Ausfluss einer besonderen Betroffenheit durch das Thema des Diskurses. Im Austausch über Umstände und Situationen, die die Vulnerabilität des Betreffenden und seine Lebenswirklichkeit berühren, können sich die damit einhergehenden persönlichen Belastungen aktualisieren. Dabei ist die Verletzung in ihrem Ausmaß davon abhängig, wie der Diskurs inhaltlich und personell geführt wird. Werden beispielsweise naturwissenschaftliche Erkenntnisse vorgetragen, die für die Annahme sprechen, dass es lediglich zwei biologische Geschlechter gibt, können Transpersonen hierin eine weitere Marginalisierung ihrer gesellschaftlichen Rolle sehen und sich besonders verletzt fühlen. Ebenso verhält es sich, wenn an einer Debatte Personen beteiligt werden, die bereits in der Vergangenheit die Auffassung vertreten haben, dass es lediglich zwei biologische Geschlechter gibt. Ein öffentlich geführtes Gespräch mit diesen Personen über die von ihnen vertretenen Ansichten ist geeignet, die durch gesellschaftliche Stigmatisierung entstandene Wunde aufklaffen zu lassen und den schon früher erlittenen Schmerz weiter zu vertiefen.

Allerdings lässt sich Diskursvulnerabilität nicht bloß bei Menschen beobachten, für die der jeweilige Diskursgegenstand Anlass zu besonderer Empfindlichkeit bietet. Daneben kann sich Diskursvulnerabilität nämlich *zweitens* daraus ergeben, dass eine Person eine besonders starke ethische Position zu dem jeweiligen Debattenthema einnimmt. Ihre tiefe Überzeugung davon, moralisch auf der «richtigen» Seite zu stehen, kann dann zur Folge haben, dass sie das gesamte Thema emotional erheblich auflädt. Dies wiederum macht den Betreffenden vulnerabel – und zwar gegenüber Argumenten und Menschen, die seine eigene Haltung infrage stellen oder kritisieren. Infolge der emotionalen Besetzung des jeweiligen Themas hat der Betreffende die Basis für eine nüchterne sachliche Diskussion aufgegeben. Die eigene Position wird von ihm mehr oder minder zu einem relevanten Bestandteil der eigenen Identität aufgewertet. Es erscheint nachvollziehbar, dass Sachargumente unter dieser Voraussetzung als persönlicher Angriff eingestuft werden. Und: «Personen, die diese [d.h. die eigene] Auffassung nicht teilen, erscheinen dann leicht als Bedrohung und ihnen wird entsprechend mit Skepsis, Abwehr und Ausgrenzung begegnet.»[3] Insoweit ergibt sich ein Zusammenhang zwischen Diskursvulnerabilität und affektiver Polarisierung. Letztere umschreibt einen Übergang von Positions- zu Identitätskonflikten:

> Gemessen wird dabei nicht die Divergenz unterschiedlicher Meinungen, sondern der subjektiv-soziale Umgang mit ihnen. Was interessiert, ist nicht die Positionierung selbst – gar ihre tieferen Ursachen und Beweggründe – sondern die durch Emotionen, Leidenschaften und ‹Affekte› geleitete Haltung gegenüber denjenigen Menschen, die eine bestimmte Position vertreten.

Ein hohes Maß an affektiver Polarisierung führt zu einem «Freund-Feind-Denken» und belastet insoweit die Diskursfähigkeit des Betreffenden.[4] Der Begriff der affektiven Polarisierung beschreibt vor diesem Hintergrund sehr gut, was hier als zweite Ursache der Entstehung von Diskursvulnerabilität beschrieben wird.

Welche Folgen kann Diskursvulnerabilität haben? Wie bereits in Bezug auf allgemeine Vulnerabilitätsannahmen gesehen, steckt in der Zuschreibung von Verletzlichkeit – an die eigene Adresse oder die Adresse anderer Personen – in aller Regel ein Imperativ, diesem Befund durch ein erhöhtes Maß an Schutzvorkehrungen Rechnung zu tragen. Gemünzt auf den Bereich zwischenmenschlicher Kommunikation heißt das, dass im Diskurs für mehr Schutz vor potenziellen Verletzungen zu sorgen ist. Wenn die Sensibilität für Debatten bzw. Debatteninhalte wächst, die Menschen verletzen können, liegt es nahe, spezifische Vorstellungen davon zu entwickeln und durchzusetzen, wie derartige Gespräche abzulaufen haben – nämlich zum Beispiel durch eine Unterbindung des jeweiligen Diskurses bzw. dessen thematische oder personelle Begrenzung. Der frühere Vize-Präsident des Bundesverfassungsgerichts Ferdinand Kirchhof konstatiert, dass eine solche «Art der Diskursvermeidung [...] mittlerweile von den interessierten Kreisen geradezu als ethische Verpflichtung verstanden [wird], der sich jedermann beugen muss.»[5]

Diskursvulnerabilität kann also dazu führen, dass Debatten oder bestimmte Argumentationsmuster, die als verletzend bewertet werden, große Ablehnung hervorrufen. Begleitet sein kann dies von unterschiedlichen negativen Gefühlen wie Wut, Aggression und Hass, aber auch von Traurigkeit und Betroffenheit. Diese Emotionen wirken als Verstärker des Wunsches, bestimmte Themen, Argumente oder Diskursteilnehmer in Gänze aus öffentlichen Debatten auszuschließen. Der zugrundeliegenden Vulnerabilität widerspricht es gerade nicht, notfalls lautstark und unter Einsatz diverser Medien auf das eigene Anliegen aufmerksam zu machen. Vielmehr kommt gerade in der Heftigkeit von Gegenwehr zum Ausdruck, wie ernst der Betreffende sein Anliegen nimmt, vor diskursiven Verletzungen zu schützen bzw. geschützt zu werden. Dabei manifestiert sich der Widerstand nicht unbedingt allein an den Personen, die das als verletzend empfundene Thema selbst diskutieren möchten bzw. Ansichten vertreten oder Argumente vorbringen, die als verletzend eingestuft werden. In die Kritik geraten können darüber hinaus diejenigen, die dem jeweiligen Diskurs «eine Bühne bieten» – wie beispielsweise Universitäten oder Medienanstalten, die bestimmte Personen im Rahmen ihrer Veranstaltungen oder Sendungen zu Wort kommen lassen. Die Forderung nach einer Unterbindung des Diskurses bzw. seiner inhaltlichen oder personellen Begrenzung mag aggressiv erscheinen und es mitunter auch sein – Ursache dafür ist allerdings eine besondere Form der Vulnerabilität, die darauf drängt, Verletzungen durch gesellschaftliche Kommunikation weitgehend auszuschließen.

Debattenkulturen in Zeiten von Diskursvulnerabilität

Gegenwärtig lassen sich in mehreren Debatten Anzeichen dafür erkennen, dass sich das allgemeine Diskursklima verschlechtert hat. Hierzu passt es, dass jüngst ein hohes Maß an affektiver Polarisierung innerhalb der deutschen Gesellschaft – vor allem in der Wählerschaft linker und grüner Parteien sowie der AfD – empirisch belegt werden konnte.[6] Beispiele für eine Diskursverschlechterung sollen nun näher betrachtet werden. Dabei möchte ich zugleich darauf eingehen, inwieweit Diskursvulnerabilität hierfür im jeweiligen Kontext eine Ursache liefern kann.

Debattenkultur in der Corona-Pandemie. Ein erstes Beispiel liefert die gesellschaftliche Debatte über den richtigen Umgang mit den Bedrohungen durch das Corona-Virus. Unter dem Stichwort Diskursverrohung wird in diesem Zusammenhang in aller Regel auf öffentliche Proteste gegen die Regierungspolitik hingewiesen. Wie ich zeigen möchte, lässt sich der Verfall der Debattenkultur, wie wir ihn in der Pandemie erlebt haben, allerdings nicht bloß auf *diesen* Teil des Meinungsspektrums begrenzen. Aus diskurstheoretischer Perspektive war nämlich auch die Art und Weise problematisch, wie Mehrheiten mit Minderheiten im Verlauf der Pandemie kommuniziert haben. Erneut sei daran erinnert, dass diese Kritik meinerseits nicht als Positionierung in Bezug auf die grundlegenden Fragen einer «richtigen» Pandemiepolitik zu deuten ist. Diskurse lassen sich nicht bewerten, ohne die darin vorgetragenen Sachargumente zumindest zu streifen. Wer richtig lag, steht hier nicht zur Debatte. Worum es mir geht, ist zu zeigen, wie Diskursvulnerabilität als gesamtgesellschaftliches Phänomen im Verlauf der Pandemie um sich griff.

So präsentierte sich die Debatte in Bezug auf die Pandemiepolitik früh als Konflikt zweier «Lager» und wurde von höchster staatlicher Ebene mitunter auch als solcher inszeniert. Gegenüber standen sich darin «Team Vorsicht» und «Team Freiheit», deren Kampflinien gesellschaftlich zwischen «Coronaleugnern», «Querdenkern», «Covidioten» und «Impfgegnern» auf der einen Seite und «Team Lauterbach»-Anhängern, «Corona-Kämpfern» und «Wissenschaftsgläubigen» auf der anderen Seite verliefen. Der Ton zwischen beiden Gruppen wurde schnell sehr rau und gipfelte nicht selten in persönlichen Angriffen. Der Deutsche Ethikrat sah sich dazu veranlasst, auf den Missstand eines Lagerdenkens und die Gefährlichkeit der damit einhergehenden Diskursverrohung hinzuweisen. So greife «die binäre Unterteilung in ‹Vernünftige› und ‹Unvernünftige› genauso zu kurz wie die Gegenüberstellungen von ‹Ängstlichen› gegen ‹Freiheitsliebende› oder ‹Egoistischen› gegen ‹Solidarische›.» Es sei in dieser Gemengelage «wichtig, auf der unhintergehbaren Streitigkeit der Positionen zu beharren, demokratischen Wertepluralismus und auch bleibende Differenz also nicht als Makel, sondern als Tugend zu verstehen, statt den politischen Streit durch den Verweis auf eine vermeintlich exklusiv richtige Sichtweise zu vermeiden.»[7]

In der Tat drängte sich während der Pandemiejahre der Eindruck auf, dass die Anhänger der unterschiedlichen Positionen immer weniger miteinander als über einander kommunizierten. Auf den Straßen und insbesondere in den sozialen Netzwerken fand vielfach Hetze gegen die prominenten Vertreter der Regierungspolitik, Politiker und Journalisten statt. Sowohl Beleidigungen als auch Bedrohungen standen hier nicht selten auf der Tagesordnung.[8] Hass entlud sich mitunter sogar in körperlicher Gewalt.[9]

Zeitgleich wurde ein Debattenverfall in den Leitmedien bemängelt. Beispielhaft lässt sich dies anhand des TV-Auftritts der Philosophin Svenja Flaßpöhler in der Sendung «Hart aber fair» aufzeigen, den das Autorenduo Richard David Precht und Harald Welzer in ihrer – unter anderem gegen die Diskussionskultur während der Pandemie gerichtete – Medienkritik «Die vierte Gewalt» beschreiben: «Die Leitmedien fielen anschließend fast geschlossen über die Philosophin her, ließen jeden Anstand vermissen und griffen sie persönlich an.»[10] Flaßpöhler hatte sich in der Sendung kritisch zu einer möglichen Impfpflicht im Zusammenhang mit der Coronapandemie geäußert. Precht und Welzer schildern ihre Wahrnehmung der Leitmedien während dieser Zeit durch deren «ständige Suche nach Feindbildern».[11] In dieses Bild fügt sich auch der Ausdruck einer «Tyrannei der Ungeimpften», wie ihn der Vorstand des Weltärztebundes Frank Ulrich Montgomery in einer Fernsehsendung prägte. Abgesehen davon, dass die Aussage schon zum damaligen Zeitpunkt wissenschaftlich mehr als fragwürdig war, handelt es sich dabei um eine Rhetorik, die besonders gut deutlich macht, wie in dieser Phase nicht bloß das Virus, sondern auch der Diskursverfall pandemisch um sich griff.

Merkmal des Corona-Diskurses war allerdings nicht bloß die Häufung persönlicher Angriffe auf einzelne Menschen bzw. ganze Bevölkerungsgruppen. Darüber hinaus wurden zunehmend bestimmte Gesprächsthemen von der einen oder der anderen Seite so stark stigmatisiert, dass eine Äußerung dazu einem «Bekenntnis» für das jeweilige Lager gleichkam. Dies zeigt sich beispielhaft an der Debatte um die Wirksamkeit und Unbedenklichkeit von Corona-Vakzinen. Im Kreise derer, die den Coronaschutzmaßnahmen weitgehend kritisch gegenüber standen, herrschte mitunter große Sorge vor schwerwiegenden Nebenwirkungen einer Impfung. Wer hierauf mit den vorhandenen wissenschaftlichen Erkenntnissen zu Impffolgen argumentierte, erntete häufig nicht bloß Spott, sondern Wut, Zorn oder gar Hass – mit der Folge, dass in eine Sachdebatte erst gar nicht eingestiegen werden konnte.

Spiegelbildlich lässt sich dieser Mechanismus in der breiten medialen Debatte beobachten. Wer darin nämlich Nebenwirkungen behauptete und diese als Argument gegen eine individuelle Impfentscheidung anführte, setzte sich damit nicht zuletzt in Widerspruch zur Haltung des heutigen Bundesgesundheitsministers, der die Corona-Debatte schon vor seiner Amtszeit wie kaum ein anderer Politiker prägte und Impfungen öffentlichkeitswirksam auf Twitter als «nebenwirkungsfrei» beurteilte.[12] Aus diesem Widerspruch und der Sorge, ohne flächendeckende Immunisierung der Bevölkerung keinen Weg aus der Pandemie zu finden, leiteten viele Menschen diverse Unsagbarkeiten ab – unaussprechbar wurde für sie zum Beispiel die Kritik an der Wirksamkeit der Vakzine ebenso wie die Sorge um mögliche Nebenwirkungen. Unsagbar wurde für sie damit letztlich auch das Eingeständnis anderer, sich selbst nicht impfen lassen zu wollen. Bereits diese Äußerung konnte als Angriff auf das eigene Weltbild gewertet werden. Ebenso verhielt es sich umgekehrt: Wer es als falsch beurteilte, sich impfen zu lassen, entwickelte mitunter erhebliche Ressentiments gegenüber geimpften Menschen. Impfen wurde damit für beide «Lager» im Corona-Diskurs zur Gewissensentscheidung. Die einen sahen darin einen unmittelbaren und schwerwiegenden Angriff auf ihre körperliche Integrität. Die anderen bewerteten allein das massenhafte Impfen als Ausweg aus der Pandemie und wollten daher keine Kritik daran dulden. Wer sie dennoch äußerte, wurde selbst dann schnell in das Lager von «Querdenkern» verschoben, wenn seine Einwände auf sachlichen Gründen oder menschlicher Sorge beruhten.[13]

Die Einbußen an Diskursqualität, die die Gesellschaft während der Coronajahre im Hinblick auf das Impfen erleiden musste, dauern bis heute fort. Einen Beleg dafür liefert die Schwierigkeit einer angemessenen Aufarbeitung der Coronapandemie gerade im Hinblick auf den Umgang mit Menschen, die infolge von Impfungen Schäden davongetragen haben. Die Datenlage erweist sich hier – wie in so vielen Punkten, die die Pandemie betreffen[14] – als nach wie vor schwach. Gleichwohl mehren sich die Stimmen derer, die an dem sogenannten Post-Vac-Syndrom leiden und darauf hinweisen, dass ihre Belange im öffentlichen Diskurs keinen angemessenen Widerhall finden.[15] Der Leiter der Post-Vax-Ambulanz am Universitätsklinikum Marburg, Bernhard Schieffer, berichtet, dass sich viele seiner Patienten von ihm als einem Arzt zum ersten Mal im Verlauf ihrer Erkrankung ernst genommen fühlen.[16] Dieser Missstand ist eine bis heute andauernde Folge der von mir beschriebenen Diskursstörung: Die Anzeige von Impfnebenwirkungen wurde für sich genommen von vielen Impfbefürwortern als Kritik an den Coronaimpfstoffen gewertet, weshalb die Belange der Betroffenen noch nach dem Ende der Pandemie nicht angemessen Berücksichtigung fanden (ganz unabhängig davon, ob diese Personen Impfungen kritisch gegenüber stehen oder nicht). Dass eine solche Lagerbildung in der öffentlichen Impfdebatte gleichwohl prägend ist, zeigt abschließend folgende Aussage des Charité-Mediziners Harald Matthes im Hinblick auf das Post Vac-Syndrom: «Wir müssen zu Therapieangeboten kommen, auf Kongressen und in der Öffentlichkeit offen darüber diskutieren, ohne dass wir als Impfgegner gelten.»[17]

Ein weiteres Beispiel dafür, dass auch im Nachgang der Pandemie keine diskursive Annäherung erfolgt, sondern sich stattdessen Fronten weiter verhärten, liefern die Soziologen Carolin Amlinger und Oliver Nachtwey in ihrem Werk «Gekränkte Freiheit». In der sogenannten «Querdenken-Bewegung» identifizieren sie einen neuen Sozialtypus des «libertär Autoritären». Solche Menschen trotzen «rebellisch jeder externen Autorität».[18] Autoritär seien sie, weil sie sich «grollend gegen übergeordnete Instanzen» richten und «Zorn auf unterlegene Gruppen» wie Frauen oder Migranten hegen. Dabei räumen Amlinger und Nachtwey ein, dass ihr Sozialtypus des libertären Autoritären in mehrfacher Hinsicht einen «sozusagen antiautoritären Zug» aufweise. In der Tat fragt sich, ob der Begriff des Autoritären noch einen guten Sinn ergibt im Hinblick auf Personen, deren Kerneigenschaft darin liegen soll, sich von übergeordneten Instanzen zu *lösen.* Weil das Autoritäre – wie Amlinger und Nachtwey wissen – mit Adorno traditionell als «Unterwerfung unter eine idealisierte Autorität» verstanden wird, scheint das Oxymoron der Soziologen einen gängigen Begriff mit geradezu konträrem Bedeutungsgehalt aufladen zu wollen. Abgesehen von dadurch provozierten Verständigungsproblemen erweist sich dies in der Debatte über die Pandemie aus dem Grund als problematisch, weil ein solches Labeling weitreichende diskursive Konsequenzen haben kann. Dies zeigt sich unmittelbar bei Amlinger und Nachtwey, die die Corona-Proteste als Spielwiese von Narzissten deuten, die infolge der Schutzmaßnahmen daran gehindert waren, ihre «Tattoos [zu] zeigen» oder «Bilder aus der hippen Cocktailbar auf Instagram [zu] posten» und deshalb «dagegen» waren, um sich zumindest auf diese Weise «wieder zu besondern». Die Risikokalkulation ihrer Studienteilnehmer, wonach die negativen Folgen der Pandemieschutzmaßnahmen insbesondere für Kinder und Jugendliche als schwerwiegender eingestuft wurden als die Risiken durch das Virus, seien Ausdruck eines «Darwinismus, der das vitale Leben der Gemeinschaft in den Vordergrund stellt», zumal der libertär Autoritäre hier unterschiedliche Übel «rein instrumentell gegeneinander» abwiege. Ohnedies nehmen Amlinger und Nachtwey ihren Studienteilnehmern die Sorge um junge Menschen nicht ab. Sie sei bloßer Vorwand bzw. «moralische Waffe» zur Durchsetzung eigener Interessen.

Es ist unschwer zu erkennen, wie durch die Fokussierung auf

die *Person* der «libertär Autoritären» die Bewertung der Belange, die diese Menschen während der Pandemie bewegten, ihrerseits ins Negative kippt. Dass es zu jeder juristischen Verhältnismäßigkeitsprüfung gehört, widerstreitende Interessen gegeneinander abzuwägen, gerät nicht nur aus dem Blick, sondern wird sogar als negative, gar menschenverachtende Charaktereigenschaft der Studienteilnehmer identifiziert (mit denen die Soziologen Gespräche als «beklemmend» empfinden). Ebenso verhält es sich für die eigentlich so klare verfassungsrechtliche Logik, dass sich der *Staat* zu rechtfertigen hat, wenn er dem Bürger Freiheit nimmt – und nicht umgekehrt der Einzelne, wenn er seine Freiheit zurückverlangt. Misslich ist außerdem, dass Amlinger und Nachtwey nicht kenntlich machen, auf welche *Tatsache* sich ihre Annahme stützt, die Studienteilnehmer hätten die Interessen von Kindern in der Pandemie bloß instrumentalisiert, um ihre eigenen narzisstischen Freiheitssehnsüchte sympathisch zu verpacken. Woher dieses Misstrauen kommt und ob es auf mehr fußt als dem Bauchgefühl der Studienleiter, bleibt offen.

Amlinger und Nachtwey charakterisieren die autoritär-libertäre «Querdenker-Bewegung» als «Rebellion *gegen* die Realität» und machen dies unter anderem an deren Kritik gegenüber «politischen Eliten und wissenschaftlichen Expert:innen» fest. So zutreffend es ist, dass sich unrichtige Wirklichkeitsvorstellungen nicht zuletzt während der Pandemie in der Gesellschaft verbreiteten, so falsch ist es, Kritik an Experten pauschal als «Verschwörungstheorie» abzutun. Übersehen wird dabei nämlich zum einen, dass es in einem nur ansatzweise seriösen Wissenschaftssystem nicht *die* (eine) Wissenschaft gibt. Zum anderen liegt der Kritik an Expertenmeinungen mitunter schlicht eine abweichende Bewertung des Faktors epistemischer Ungewissheit zugrunde. Gerade während der Pandemie herrschten große Wissensdefizite vor. Vorhandene Wissensbestände wurden mitunter sehr schnell revidiert. In dieser Situation spielt es bei der Abwägung von Freiheitsinteressen eine entscheidende Rolle, wie stark der Faktor der Ungewissheit gewichtet wird. Expertenkritik ist dann aber nicht mehr als der zulässige Zweifel daran, dass vorhandene Wissensbestände ausreichen, um weitreichende Freiheitseinschnitte zu rechtfertigen. Insoweit ist die Herangehensweise des Soziologenpaars paradigmatisch für einen Diskurs, in dem zu den eigentlichen Sachfragen schon deshalb nicht vorgedrungen wird, weil den anderen unlautere Motive, ein schlechter Charakter oder Wirklichkeitsverzerrungen pauschal unterstellt werden – oder ihnen gar eine «Art Autoimmunerkrankung» attestiert wird. Dass berechtigte Anliegen in den Protesten vorgetragen wurden und nicht jede Coronaschutzmaßnahme gerechtfertigt war, geht dann vollständig unter – und verstellt den Weg zu einer alle Seiten einbeziehenden Aufarbeitung der Pandemie.

Diskursvulnerabilität als eine Ursache für die Debattenkultur in der Corona-Pandemie. Dass sich die Diskursqualität während der Corona-Pandemie derart verschlechterte, hat Spuren hinterlassen. So belegen Studien eine zunehmende Sorge der Deutschen, sich öffentlich frei zu äußern. Dieser Trend zeichnete sich schon vor der Pandemie ab, erlebte darin allerdings einen vorläufigen Höhepunkt. Im Juni 2021 gaben 44% der Befragten in einer Allensbach-Umfrage an, es sei bei der Äußerung seiner politischen Meinung «besser, vorsichtig zu sein».[19] Im Jahr 2023 hat sich dieser Wert sogar auf 48% der Deutschen erhöht, während nur noch 32% der Auffassung sind, ihre Meinung frei äußern zu können.[20] Hierbei handelt es sich um einen Höchstwert seit Beginn der entsprechenden Umfrage im Jahr 1953.

Unabhängig davon, ob die gefühlte Beeinträchtigung der Meinungsfreiheit mit den realen Verhältnissen übereinstimmt, lässt sie sich als Beleg für das verstärkte Auftreten von *chilling effects* lesen. Nach meiner Einschätzung kommen hier Effekte von Diskursvulnerabilität zum Tragen. Weil diskursvulnerable Menschen oftmals mit besonderer Emotionalität und Heftigkeit auf bestimmte Themen, Diskursteilnehmer oder Argumente reagieren, können sich andere abgeschreckt fühlen, ihre eigene Meinung offen zu äußern. Befürchtet werden dann in erster Linie soziale Sanktionen wie der Ausschluss aus bestimmten Gesprächsräumen und gesellschaftlichen Gruppen. Eine besondere Rolle kommt dabei den sozialen Medien zu. Durch die erhebliche Breitenwirkung digitaler Kommunikationstechniken und die Eigenschaft des Netzes, nichts zu «vergessen», erlangen gesellschaftliche Sanktionen unter Verwendung sozialer Medien für viele eine geradezu existenzielle Bedeutung. Die Angst, einem «Shitstorm» ausgesetzt zu sein, steigert sich dann in einer Weise, wie sie kaum vergleichbar ist mit analogen Formen der gesellschaftlichen «Bestrafung» unliebsamer Äußerungen oder Handlungen. Diskursvulnerabilität offenbart sich hier in zumindest zweifacher Hinsicht: zum einen von Seiten derer, die bestimmte Themen oder Gesprächspartner als verletzend einstufen und eine Kommunikation darüber bzw. mit diesen Personen von vornherein unterbinden wollen; zum anderen aber auch von Seiten derer, die derartige Reaktionen fürchten und wenig Resilienz zeigen gegenüber einer solchen Form der zumeist unsachlichen Kritik.

In der Corona-Pandemie stellten sich mitnichten bloß diejenigen als diskursvulnerabel heraus, die etwa durch das Virus besonders bedroht waren. Die aus gesundheitlichen Gründen vulnerablen Menschen repräsentierten eine Bevölkerungsminderheit, wohingegen sich Diskursvulnerabilität während der Pandemie in nahezu sämtlichen gesellschaftlichen Gruppen zeigte. Hierfür lassen sich verschiedene Deutungsversuche anstellen. Einer davon dürfte in der Einsicht liegen, dass die Pandemie mehr oder minder alle Bürgerinnen und Bürger in eine vulnerable Rolle versetzt hat.

Während die einen infolge der hohen Risiken für ihre Gesundheit besonders verletzlich waren, traf dies auf andere infolge der umfassenden Coronaschutzmaßnahmen zu. Die umfangreichen Eingriffe in die individuelle wie kollektive Freiheit zum Schutz vor dem Virus hatten erhebliche private, berufliche, soziale und gesundheitliche Negativfolgen für nahezu jeden Einzelnen.[21] Nach dieser Lesart stünde die Corona-Pandemie daher als Beispiel für eine aus persönlicher Vulnerabilität abgeleitete Diskursvulnerabilität: Weil die Menschen aus jeweils eigenen Gründen infolge der Pandemie bzw. der Pandemieschutzmaßnahmen besonders betroffen und verletzlich waren, spiegelte sich diese Vulnerabilität in ihrer Diskursfähigkeit wider.

Ergänzen lässt sich dieser Deutungsversuch noch durch eine Beobachtung, die der Soziologe Philipp Staab durch Befragungen von Personen gemacht hat, die während der Pandemie einer «systemrelevanten» Beschäftigung nachgegangen sind. Gemeint sind damit Tätigkeiten in den Feldern Gesundheit, Erziehung, Bildung, Sicherheit und materielle Infrastruktur.[22] In dieser Gruppe macht der Soziologe «auffallend viele» Personen aus, die die Gesellschaft als im Verfall begreifen und dafür einen um sich greifenden Narzissmus, einen «die Gesellschaft bis in ihre Poren prägende[n] Egoismus» Einzelner als Ursache sehen. In der Konsequenz bewerteten es befragte Personen als Aufgabe des Staates, darauf hinzuwirken, dass individuelle Selbstentfaltung hinter übergeordneten kollektiven Zielen zurückzutreten habe.

Die in der Corona-Pandemie gesellschaftlich auftretenden Konflikte zwischen «Team Vorsicht» und «Team Freiheit» lassen sich auf dieser Basis zumindest im Hinblick auf Personen, die im Bereich der kritischen Infrastruktur tätig sind, noch viel grundlegender deuten, als dies bislang der Fall war. Im Streit über Corona-Schutzmaßnahmen und Impfungen könnte dann nicht bloß eine unterschiedliche Risikobewertung bzw. die Angemessenheit des

Umgangs mit dem Risiko zum Ausdruck kommen, sondern ganz allgemein ein Konflikt darüber, welchen Weg die Gesellschaft fortan miteinander bestreiten soll. Die Corona-Pandemie – oder besser: der gesellschaftliche Umgang mit ihr – werden unter dieser Prämisse als Vorzeichen gedeutet, wie kollektive und individuelle Freiheit künftig verteilt werden. Dies kann die Emotionalität in der Debatte erklären: Während die einen meinten, dass sich schnell und nachhaltig vieles ändern müsse, wollten die anderen am Status quo vor der Pandemie festhalten. Das gesellschaftliche Miteinander gleicht dann einem Pulverfass, das unter dem Druck der Pandemie zum Explodieren gebracht wurde. Die Explosion würde nach dieser Deutung Konfliktlinien offen zutage treten lassen, die zeitlich viel früher entstanden sind. So erklärte sich auch, weshalb der Wunsch vieler Anhänger des «Teams Freiheit» nach Lockerungen als «Egoismus» oder «Narzissmus» gebrandmarkt wurde. Wer die Gesellschaft schon seit längerer Zeit als in einem Kulturkampf begriffen erlebt, in dem immer mehr Menschen immer weniger dazu bereit sind, sich selbst zugunsten anderer zurückzunehmen, kann geneigt sein, individuelle Freiheitsbedürfnisse angesichts erheblicher Pandemieschutzmaßnahmen als Fortsetzung einer solchen, geradezu pathologischen Selbstzentrierung zu interpretieren und entsprechend abzuwerten. Zugleich wird in dem Wunsch des Gegenübers, staatliche Freiheitsbeschneidungen aufzuheben, eine besonders schwerwiegende Bedrohung gesehen – weil dies gedeutet wird als eine Rückkehr in einen gesellschaftlichen Zustand, der seit langer Zeit als schädlich und zerstörerisch empfunden wurde.

Dies spricht dafür, dass in Zeiten der Corona-Pandemie ein erhöhtes Maß an Diskursvulnerabilität aufgetreten ist, die sich in einer Verschlechterung des allgemeinen Diskursklimas Bahn brach. Eine Neuordnung der Verteilung individueller und kollektiver Freiheit hat unweigerlich massive Veränderungen im Leben eines jeden Einzelnen zur Folge. Wenn dieser Konflikt nicht bloß auf den Umgang mit der Pandemie begrenzt wird, erweist sich der Streit um die Aufrechterhaltung bzw. den Umfang von Coronaschutzmaßnahmen als geradezu existenziell. Die einen fühlen sich bedroht in ihrer bisherigen Art zu leben, die sie als positiv bewerten. Die anderen sehen gerade in dieser Lebensform eine Sackgasse, aus der ein radikales Umdenken den einzigen Ausweg weist. In einer solchen Konfliktlage erscheinen alle Gesellschaftsmitglieder besonders vulnerabel. In der Corona-Pandemie lässt sich dann veranschaulichen, wie eine kollektive Vulnerabilität in den Diskurs ausgreift und kommunikative Gräben entstehen lässt, die sich kaum überwinden lassen.

Die Debattenkultur in Bezug auf den russischen Angriffskrieg auf die Ukraine 2022. Das Phänomen, Verletzungen infolge eines offenen Gesprächs dadurch zu vermeiden, dass der gesamte Diskurs unterbunden oder nur in engen Bahnen geführt wird, setzte sich in der Debatte über den russischen Angriffskrieg auf die Ukraine im Jahr 2022 und insbesondere über die Art der deutschen Unterstützung der Ukraine fort. Die Diskussion war frühzeitig bestimmt durch ein hohes Maß an Emotionalität, das im Negativen bis zu Hass reichte, der Anhängern gegensätzlicher Ansichten entgegengebracht wurde. Wie schon in der Corona-Pandemie zeigten sich nicht wenige empört, wenn Personen in der Debatte zu Wort kamen, deren Äußerungen als unsensibel begriffen wurden und die sich daher vermeintlich als Diskursteilnehmer disqualifiziert hatten. Und erneut sollten bestimmte Argumente nach Auffassung einiger von vornherein kein Gehör finden. Dies wurde wiederum dadurch erreicht, dass sachliche Argumente nicht inhaltlich, sondern emotional beantwortet wurden. Zum Beispiel wurden Angehörige der regierenden Parteien pauschal als «Kriegstreiber» diffamiert und insbesondere auf sozialen Medien neuerlich einem hohen Maß an Spott, Zorn oder sogar Hass ausgesetzt. Derselben Kritik setzten sich Menschen aus, die sich öffentlich für die deutsche Politik im Krieg in der Ukraine aussprachen. Der deutsche Bundeskanzler Olaf Scholz wurde in Reaktion auf die Energiekrise 2022, die ihrerseits eine unmittelbare Folge des russischen Angriffskriegs auf die Ukraine war, von Demonstranten unter anderem als «Volksverräter» bezeichnet.[23]

Entsprechende Anzeichen einer Diskursverrohung zeigten sich allerdings erneut auch innerhalb des entgegengesetzten Meinungsspektrums und lassen sich anhand der leitmedialen Berichterstattung zum Krieg in der Ukraine exemplifizieren. Wer beispielsweise auf das hohe Risiko hinwies, dass Waffenlieferungen an die Ukraine am Ende mehr Menschen das Leben kosten, den Krieg in die Länge ziehen und gar einen Atomschlag provozieren könnten, erfuhr oftmals nicht etwa deshalb Kritik, weil seine Argumente für unrichtig oder wenig stichhaltig befunden wurden. Kritisiert wurde er hingegen als Person: Er stehe angesichts seiner Position zu Waffenlieferungen ersichtlich «im falschen Lager», sei «Putinversteher» oder gar «Putinfreund» und treffe allein deshalb derartige Aussagen. So wurden die Autorinnen und Autoren eines an Bundeskanzler Scholz gerichteten offenen Briefs, die vor «einer weltweiten Rüstungsspirale mit katastrophalen Konsequenzen» warnten[24], u. a. als «Kapitulationsintellektuelle» und «Unterwerfungspazifisten» tituliert.[25] Kaum anders erging es dem Philosophen Jürgen Habermas, der sich ebenfalls kritisch gegenüber Waffenlieferungen an die Ukraine äußerte.[26] Wiederum zeigten sich in Bezug auf seinen Fall entsprechende Formen der Diskursstörung bis hinein in die höchsten Ebenen des politischen Betriebes.[27]

Mittlerweile sind einige Monate seit diversen offenen Briefen vergangen, doch das Diskursniveau ist nach wie vor weit davon entfernt, sich zu verbessern. Unter anderem Habermas hat sich ein weiteres Mal geäußert und ein «Plädoyer für Verhandlungen» formuliert. Im Cicero heißt es dazu etwa: «Doch das prätentiöse Schreiben trieft vor Banalitäten und analytischen Ungenauigkeiten. Warum fühlt sich der weltbekannte Philosoph dazu bemüßigt, der Politik Ratschläge zur Lösung ausweglos erscheinender Sachfragen zu geben, obwohl er keine Kompetenz dafür besitzt?»[28] Auch Alice Schwarzer, Mit-Initiatorin des offenen Briefs aus dem Jahr 2022, hat gemeinsam mit Sahra Wagenknecht ein «Manifest für den Frieden» formuliert, das von über einer halben Million Menschen unterschrieben wurde. Gemeinsam mit anderen «Prominenten» wurden sie als «ahnungslos»,[29] ihr Manifest gar als «gewissenlos»[30] bezeichnet. Und in *Focus online* hieß es: «Ich habe Schwarzer bewundert – jetzt sehe ich bei jedem toten Soldaten ihr Lachen»,[31] während die *Welt* Schwarzer eine «wirre Logik» unterstellte.[32] Zu derselben Zeit brechen teils ehrverletzende und hetzerische Angriffe auf Regierungsvertreter und Menschen, die die deutsche Politik im russischen Angriffskrieg auf die Ukraine unterstützen, nicht ab. Von einer sachlichen Diskussion ist man auch hier weit entfernt.[33] Dabei liegt es auf der Hand, dass Angriffe ad personam keinen anderen Nutzen aufweisen, als eine Sachdebatte im Keim zu ersticken. Zu den Argumenten des jeweiligen Gegenübers wird gar nicht erst vorgedrungen, wenn man diese Menschen in die «Schmuddelecken» der Gesellschaft schiebt und dort versauern lässt.

Auch die Verschlechterung des Diskursklimas im Hinblick auf den Krieg in der Ukraine lässt sich meines Erachtens mit einem gesteigerten Maß an Diskursvulnerabilität erklären. Besondere Verletzlichkeit in der Kommunikation über dieses Thema kann sicherlich zumindest teilweise mit dessen hoher emotionaler Besetzung erklärt werden. Die der Öffentlichkeit zugänglich gemachten Bilder des russischen Angriffskriegs und die Kenntnisse über die Gräueltaten des russischen Militärs während des bisherigen Kriegsverlaufs lassen niemanden kalt. Hinzu treten Sorgen über die eigene Zukunft, die viele angesichts erheblicher Teuerungen lebenswichtiger Güter wirtschaftlich gefährdet sehen. Zudem dürfte zur emotionalen Aufladung der Debatte und damit der Entstehung von Diskursvulnerabilität beitragen, dass sich viele in den Worten des deutschen Bundeskanzlers Olaf Scholz «auf der richtigen Seite der Geschichte»[34] wähnen. Die etwas unglückliche Formulierung lädt zu dem seitens des Bundeskanzlers sicherlich nicht intendierten Missverständnis ein, dass eine besonders starke und klare ethische Positionierung dazu berechtige, sich in der öffentlichen Diskussion nicht mehr auf die Sachargumente anderer Menschen einlassen zu müssen. Frei nach dem Motto: Weil man den «richtigen» moralischen Kompass habe, der sogar die Geschichtsschreibung überdauere, müsse das andersdenkende Gegenüber gar nicht erst gehört werden. Wer so denkt, übersieht aber, dass sich der Streit gar nicht darum dreht, den russischen Angriffskrieg ethisch wie rechtlich zu verurteilen. Über die Scheußlichkeit der Verbrechen, die von russischer Seite an ukrainischen Bürgern verübt werden, oder die Völkerrechtswidrigkeit des Angriffskriegs insgesamt besteht kein Streit. Allerdings ist damit über «Detailfragen» noch nichts gesagt – und wie so oft liegt auch hier der Teufel im Detail. Sollen Waffen von Deutschland an die Ukraine geliefert werden? Wenn ja: Welche Waffen und wie viele? Sollte die deutsche Regierung verstärkt auf eine Beendigung des Krieges durch Verhandlungen mit Russland drängen? Keine dieser Fragen ist vorentschieden, nur weil es so geringe Schwierigkeiten bereitet, den russischen Angriffskrieg als ethisch wie rechtlich falsch zu bewerten. Wer aber das Geschehen von keinem geringeren Ort als der «richtigen Seite der Geschichte» beurteilt, kann dazu geneigt sein, dieses Prädikat auf sämtliche seiner Antworten auf politische Fragen der deutschen Unterstützung der Ukraine auszudehnen. Eine hohe Diskursvulnerabilität scheint die unmittelbare Folge. Dabei mag es auf den ersten Blick paradox anmuten, dass sich gerade aus einer starken Überzeugung von der Richtigkeit der eigenen politischen Auffassung eine besondere Verletzlichkeit im Diskurs ergibt. Sollte nicht mit der Stärke des eigenen Arguments gerade eine erhöhte Festigkeit im noch so konfrontativ geführten Diskurs einhergehen? Das Gegenteil scheint mir der Fall zu sein. Die Erklärung liegt gerade in der hohen emotionalen Aufladung der Position bzw. des jeweiligen Themas. Sie kann zu einer so starken Identifizierung mit der eigenen Meinung führen, dass Gegenargumente nicht als Streit in der Sache, sondern als Angriff auf die eigene Identität begriffen werden.

Ein weiterer Grund für die auch im Kontext der Debatte über den russischen Angriffskrieg auf die Ukraine anhaltende Diskursverrohung kann darin gesehen werden, dass die Gesellschaft nach dem Ende der Pandemie in dieser Hinsicht einfach «weiter macht». Die Herangehensweise, die eigene Diskursvulnerabilität über den offenen Austausch zu stellen und zur Vermeidung potenzieller Verletzungen Debatten gar nicht bzw. nur eingeschränkt zu führen, scheint sich unvermittelt fortzusetzen. Wirklich verwundern kann dies nicht vor dem Hintergrund, dass eine kritische Aufarbeitung der Art und Weise, wie während der Pandemie miteinander gesprochen wurde, bis heute nicht stattgefunden hat. Bedenklich erscheint diese Entwicklung gleichwohl – nicht zuletzt, weil die Meinungslagerbildung in Bezug auf die deutsche Kriegsunterstützung ganz anders verlief als noch im Hinblick auf die Coronapolitik der Bundesregierung. Während die Kritiker der Coronaschutzmaßnahmen eine Bevölkerungsminderheit darstellten, der eine große Gruppe an Befürwortern gegenüberstand, liegen die Zahlen derer nahezu gleich auf, die im ersten Kriegsjahr Waffenlieferungen an die Ukraine unterstützten oder ablehnten.[35] Auch im Januar 2023 hatte sich dieses Verhältnis nicht signifikant zugunsten der einen oder der anderen Seite verschoben.[36] Während der Pandemie könnte ein Nachgeben gegenüber dem diskursvulnerablen Impuls, Debatten durch Ausschluss von Argumenten oder Personen zu vereinseitigen oder ganz zu beenden, dadurch erleichtert worden sein, dass gewisse Gruppendynamiken zum Tragen kamen: Je nach Perspektive stand die «vernünftige» Mehrheit einer «unvernünftigen» Minderheit oder aber der «schwache David» dem «übermächtigen Goliath» gegenüber. Solche Narrative sind in der Debatte über den russischen Angriffskrieg auf die Ukraine nur schwer herzustellen, weil die Zahlen der Befürworter und Kritiker der deutschen Politik in Sachen Waffenlieferungen derart ausgeglichen sind. Dennoch zeigt sich darin wiederum eine problematische Diskursblockierung – woraus deutlich wird, dass auch die öffentliche Kommunikation über den russischen Angriffskrieg auf die Ukraine von einem hohen Maß an Diskursvulnerabilität geprägt ist.

Debattenkultur in Sachen Klimawandel. Es spricht vieles dafür, dass neben der Coronapandemie und dem Krieg in der Ukraine weitere gesellschaftliche Diskurse durch das Phänomen der Diskursvulnerabilität negativ beeinflusst werden. Anzeichen dafür zeigt die öffentlich immer intensiver geführte Klimaschutzdebatte. Der Streit darüber, wie von gesellschaftlicher Seite angemessen mit den Folgen gravierender klimatischer Veränderungen umzugehen ist, wird in den letzten Jahren durch Bewegungen wie «Fridays for Future» zunehmend öffentlich ausgetragen. Allerdings äußert sich der Protest in jüngerer Zeit durch Gruppierungen wie die «Letzte Generation» gerade auch in strafbarem Verhalten in Gestalt der Beschädigung von Kunstwerken oder des Festklebens auf öffentlichen Straßen.[37] Neben diese Radikalisierung der Diskursformen treten Tendenzen, wonach schon die bloße Debatte über die Richtigkeit bestimmter Maßnahmen zum Schutz des Klimas (Wiedereinstieg in die Atomenergie, Bau neuer

Braunkohlekraftwerke, Tempolimits auf deutschen Autobahnen, Veggieday etc.) als falsch etikettiert wird. Die Zeit zum Diskutieren sei vorüber. «Lieber Wegsperren als Reden», heißt es auf Plakaten der «Letzten Generation».[38] Der von vielen Klimaaktivisten stetig wiederholte Ausspruch «Follow the Science» versteht sich vor diesem Hintergrund als Verweis auf überlegenes Wissen einer Expertenkaste, die die politische Richtung vorgeben soll. Für demokratische Aushandlungsprozesse bestünde kaum noch Raum, anderenfalls – so ließe sich zugespitzt formulieren – würde die Gesellschaft noch diskutieren, während der Planet schon lange nicht mehr zu retten wäre.

Manche meinen, auf diese Weise unmittelbar an von ihnen als positiv erfahrene Abläufe während der Coronapandemie anschließen zu können. Der gesellschaftliche Umgang mit COVID-19 war in Deutschland durch eine starke Orientierung der Politik an Expertenmeinungen gekennzeichnet («Expertokratie»). Viele wiesen während der Pandemie auf ernstzunehmende Demokratiedefizite hin – sei es, weil die Politik ihre Richtung vornehmlich an den Einschätzungen der Vertreter bestimmter medizinischer Fachrichtungen orientierte und dabei vor allem parlamentarische Verfahren zugunsten einer starken Exekutive vernachlässigte,[39] oder sei es, weil (höchste) Gerichte ihre Überprüfungskompetenz im Hinblick auf gesetzgeberische Entscheidungen in Eigenregie zurückschraubten.[40] Was für die einen Grund und Anlass zu Sorge war, erweist sich für andere als Vorbild, an dem sich auch im Zusammenhang mit dem Klimawandel zu orientieren sei.[41] Der Soziologe Philipp Staab bestätigt diesen «Wunsch nach technokratischer Herrschaft» in Teilen der Gesellschaft, die sich den Klimaschutz zur Aufgabe gesetzt haben. Dieses Bedürfnis äußere sich entweder im Streben nach einer «Herrschaft der Experten» oder in dem nach «einer technischen Automatisierung zentraler politischer Prozesse».[42] Staab begründet solche Sehnsüchte mit einer «historische[n] Enttäuschung». Aus ihr erwachse ein «zunehmendes Bewusstsein für die Begrenztheit der Möglichkeiten, mit weiterer Demokratisierung der entsprechenden Probleme Herr zu werden.» Dabei richteten sich die Hoffnungen auf eine «eigeninitiative digitale Technik, die, einem Überlebensimperativ folgend, demokratische oder revolutionäre Konflikte über entscheidende Fragen nicht mehr benötigt, weil diese bereits kompetent bearbeitet werden».[43]

Die «Letzte Generation» hat sich zu diesem Thema eigene Gedanken gemacht: «Immer wieder zeigt sich: Unsere demokratischen Verfahren sind für einen angemessenen und sozial gerechten Umgang mit der Klimakrise offenbar nicht ausreichend.»[44] Die Lösung liege in einem «Gesellschaftsrat». Die Regierung wird aufgefordert, eine «Notfallsitzung» einzuberufen, in der zufällig ausgeloste Menschen, «die die Bevölkerung Deutschlands nach Kriterien wie Alter, Geschlecht, Bildungsabschluss und Migrationshintergrund bestmöglich abbilden», Vorschläge für den gesellschaftlichen Umgang mit der Klimakrise erarbeiten. Das Gremium werde in seinen Beratungen durch wissenschaftliche Fachexpertise unterstützt «und das ganze Land fiebert mit, was der Rat bespricht.» Die Regierung solle sich dabei verpflichten, die vom Rat erarbeiteten Maßnahmen als Gesetzesvorhaben in das Parlament einzubringen, darin die «nötige Überzeugungsarbeit [...] leisten und die Gesetze nach Verabschiedung in einer beispiellosen Geschwindigkeit und Entschlossenheit umsetzen.»

Interessanterweise verspricht sich die «Letzte Generation» hiervon eine Stärkung des Vertrauens in die Demokratie. Gerade weil das geforderte Verfahren eine radikale Verkürzung relevanter gesellschaftlicher Aushandlungsprozesse darstellt, ist diese Einschätzung alles andere als nachvollziehbar. Was Staab recht euphemistisch als «Entpolitisierung» bestimmter Debatten bezeichnet, ist nämlich letztlich nichts anderes als ein Abgesang an das demokratische Verfahren als solches. Der von Staab diagnostizierte Wunsch nach einem «technologischen Leviathan», der Gesellschaft und Erdsystem aufeinander anpasse und dem «dabei weder moralische Deliberation noch politische Institutionen in die Quere kommen» dürften,[45] bestätigt die eingangs formulierte Vermutung: Auch im Bereich der Klimadebatte zeichnen sich Tendenzen ab, die bestimmte Diskurse in Gänze abschneiden wollen. Dies trifft ohne Einschränkungen auf den «Gesellschaftsrat» der «Letzten Generation» zu: Öffentliche Debatten sollen auf diese Weise in einem einzigen, durch Experten maßgeblich beeinflussten Gremium geführt und letztlich hierauf begrenzt werden. Die Bevölkerung rutscht in die infantile Rolle der «Mitfiebernden» – von mündigen Bürgern keine Spur. Sowohl Regierung als auch Parlament verkommen zu Statisten eines scheindemokratischen Verfahrens. So übernimmt die Regierung darin lediglich noch die Rolle eines ausführenden Organs, soweit es um die Einbindung des Parlaments geht. Und auch die gewählte Volksvertretung selbst soll nach der Vorstellung der «Letzten Generation» ihre Aufgabe nicht mehr wirklich erfüllen – denn anstatt im Parlament kritisch und mit offenem Ausgang die Gesetzesvorschläge des «Gesellschaftsrats» zu diskutieren, solle dieses schlicht von der Regierung «überzeugt» werden. Dann kann man es aber am Ende auch ganz lassen – eine logische Konsequenz, die seitens der «Letzten Generation» möglicherweise aus bloßen rhetorischen Gründen nicht ausdrücklich so formuliert wird.

Die Beispiele bestätigen den in der Klimadebatte anzutreffenden Impuls, gesellschaftliche Aushandlungsprozesse zugunsten «schneller Lösungen» durch technische Systeme oder Umsetzung von Expertenmeinungen abzukürzen oder ganz zu unterbinden.[46] Diese Entwicklung lässt sich mit einer Zunahme von Diskursvulnerabilität erklären. Denn wie wir gesehen haben, gründet die technokratische Sehnsucht auf tiefliegenden Ängsten. Gerade jüngere Generationen fürchten angesichts der gravierenden klimatischen Veränderungen um ihre eigene Zukunft und die ihrer Kinder. In einer Befragung von 14- bis 24-Jährigen stimmten 68% der Aussage zu, dass ihnen der Klimawandel «große Angst» macht.[47] In einer durch das Umweltbundesamt herausgegebenen Studie wird u. a. empfohlen, jüngeren Menschen angesichts ihrer hohen psychischen Belastungen infolge des Klimawandels verstärkt Therapieangebote zu unterbreiten.[48] Die Befürchtung, dass sich das eigene Leben infolge des Klimawandels zum Schlechteren verändert, ist nicht fernliegend. In den Ländern des globalen Südens sind die mitunter besonders schwerwiegenden Folgen der Erderwärmung schon heute zu beobachten. Migrationsbewegungen, die weit über das bislang gekannte Maß hinausgehen, werden die erwartbare Konsequenz sein.[49] Aber auch in den Ländern des globalen Nordens werden gravierende Folgen des Klimawandels insbesondere auf die Gesundheit der Menschen erwartet.[50]

Die Herausforderungen des Klimawandels scheinen allein auf globaler Ebene erfolgreich gemeistert werden zu können.[51] Gleichwohl bewegen sich internationale Bemühungen zur Eindämmung des Klimawandels seit Jahrzehnten auf einem überschaubaren Niveau. Angesichts dieser Entwicklung empfinden viele Menschen eine große Ohnmacht. Die Möglichkeit, durch individuelles Verhalten Einfluss auf die klimatischen Veränderungen zu nehmen, ist denkbar gering. Gleichwohl lässt sich eine gewisse Individualisierung in der politischen Klimadebatte feststellen, wonach die Verantwortung für den Klimawandel gerade auch beim Einzelnen liege.[52] Dies ist für sich genommen nicht unproblematisch. Wenn nämlich der moralische Imperativ auf den Einzelnen zeigt, lenkt er schnell vom Kollektiv – dem Staat und seinen Institutionen – ab. Zugleich erhöht sich dadurch der ohnehin schon von vielen empfundene Druck auf die eigene Person. In dieser Situation sind viele Menschen enttäuscht darüber, wie wenig in der Vergangenheit in Sachen Klimaschutz erreicht wurde. Hieraus resultiert mitunter eine Enttäuschung gegenüber der Demokratie selbst: Sie wird dann als Teil des Problems und nicht der Lösung begriffen. Diese Enttäuschung paart sich mit eigener Hilflosigkeit und Ohnmacht gegenüber der sich anbahnenden großen Herausforderung. Hieraus folgt eine besondere Verletzlichkeit, die viele für sich und andere auch so empfinden. Genau diese Verletzlichkeit ist es, die sich im Diskurs über den Klimawandel fortsetzt. Einer atemlosen «Letzten Generation» bleibt keine Zeit mehr zum langen Reden. Debatten darüber, wie angemessen auf die Risiken der klimatischen Veränderungen reagiert werden soll, werden dann als persönlicher Angriff gewertet – als Hindernis auf dem Weg zu der einzig richtigen Lösung, von der der andere durch sein Reden bloß abhält.[53] Das Gespräch selbst rührt also an der eigenen Verletzlichkeit, mehr noch: es vertieft sie sogar, weil es wichtige Zeit kostet, die für die Rettung des Planeten unwiederbringlich verloren scheint. «Wer Angst hat, kennt kein akzeptables Risiko.»[54] In einem Klima der Angst scheint gegenwärtig zunehmend *die Demokratie selbst* als Risiko wahrgenommen zu werden. Vor diesem Hintergrund erklärt sich auch die Eskalation der Protestformen. Friedliche Proteste werden zu unfriedlichen, indem Straftaten gegenüber anderen Bürgern oder der Allgemeinheit begangen werden. Straftaten sind aber kein offenes Gesprächsangebot über gesellschaftliche Missstände. Die symbolische Aussagekraft solcher Bilder gepaart mit der endzeitlichen Rhetorik («Letzte Generation») sprechen eine ganz andere Sprache: Bestimmte Diskurse sind nicht länger gewollt. Dieser Wunsch fußt auf der Angst, es könnte für das eigene Leben und das aller anderen Menschen auf dem Planeten bald zu spät sein. Ausgangspunkt solcher Phänomene ist daher eine besondere Verletzlichkeit, die sich in der Kommunikation fortsetzt: Diskursvulnerabilität.

Debattenkultur an Hochschulen. Die Debattenkultur an Hochschulen rückt immer wieder in den öffentlichen Fokus. Anlass dazu bieten Proteste gegen die Abhaltung fachwissenschaftlicher Vorträge zum Beispiel von Personen, die Zweifel daran hegen, dass es mehr als zwei biologische Geschlechter gibt oder die sich kritisch zu Fragen der Migration bzw. des Islams äußern.[55] Abwehrreaktionen insbesondere von studentischer Seite richteten sich in der jüngeren Vergangenheit vor allem gegen den die Veranstaltung organisierenden Wissenschaftler oder die Hochschulleitung. Die Interventionen waren dabei in aller Regel auf die Verhinderung der Veranstaltung gerichtet. Führte dies nicht zum Erfolg, wurden nicht selten und teils sogar unter Gewaltanwendung Störungen am eigentlichen Veranstaltungstag und -ort ausgeübt. Im Erfolgsfall führte die eine oder andere Methode dazu, dass entweder der gesamte Diskurs unterbunden oder zumindest durch inhaltliche und personelle Vorgaben eingehegt wurde. Kritiker sprechen insoweit von einer Kultur des «Cancelns». Der schillernde Begriff des «Cancelns» kann dabei ganz Unterschiedliches umschreiben wie etwa den Ausschluss von öffentlichen Debatten, soziale Ächtung und sogar arbeitsrechtliche Sanktionen.

Das beschriebene Phänomen ist nicht neu. Bereits Theodor W. Adorno sah sich im Jahr 1969 Störungen seiner Seminarveranstaltung durch Studenten ausgesetzt.[56] Trotz der Bekanntheit solcher Vorgänge erweist sich die empirische Datenlage zu deren Häufigkeit als eher dürftig.[57] Wenig überraschend wird daher auch darüber gestritten, ob die beschriebenen Vorkommnisse lediglich singuläre Ereignisse darstellen, die von den davon negativ betroffenen Personen oder Menschen, die sich deren politischer Haltung zurechnen, übertrieben dargestellt und aufgebauscht werden. Dies bestreitet insbesondere ein im Februar 2021 gegründetes «Netzwerk Wissenschaftsfreiheit», das sich zum Ziel gesetzt hat, «die Freiheit von Forschung und Lehre gegen ideologisch motivierte

Einschränkungen zu verteidigen».[58] Der Zusammenschluss von Wissenschaftlern unterschiedlicher Disziplinen beobachtet, «dass die verfassungsrechtlich verbürgte Freiheit von Forschung und Lehre zunehmend unter moralischen und politischen Vorbehalt gestellt werden soll. [...] Einzelne beanspruchen vor dem Hintergrund ihrer Weltanschauung und ihrer politischen Ziele, festlegen zu können, welche Fragestellungen, Themen und Argumente verwerflich sind. [...] Wer nicht mitspielt, muss damit rechnen, diskreditiert zu werden. Auf diese Weise wird ein Konformitätsdruck erzeugt, der immer häufiger dazu führt, wissenschaftliche Debatten im Keim zu ersticken.» Das Netzwerk entspricht seiner Zielsetzung u.a. durch die «Dokumentation» von Ereignissen nebst Quelle (oftmals aus der Presseberichterstattung), die die von ihnen beobachtete Einschränkung der Wissenschaftsfreiheit repräsentieren sollen.

Das nach zwei Jahren über 700 Mitglieder zählende «Netzwerk Wissenschaftsfreiheit» stand von Anfang an in der Kritik. Dabei wird nicht zuletzt die Vermutung geäußert, dass das mittlerweile verstärkte Berufen auf die Wissenschaftsfreiheit eher eine Reaktion darauf sei, «dass etablierte Positionen und Verfahrensweisen und damit auch Deutungshoheiten nicht nur kritisch reflektiert und auf den Prüfstand gestellt werden, sondern in einigen Bereichen tatsächlich eine Neuausrichtung ansteht.»[59] Der Ruf nach Wissenschaftsfreiheit sei dann die bloße «Verteidigung eines universalistischen Weltbildes», das nicht zuletzt durch neuere Forschung in den Bereichen Gender und Postcolonial Studies zunehmend ins Wanken geraten sei. Im Klartext: Empfindlich seien gerade die anderen – nicht etwa Studierende, die nämlich auch schon früher Protestaktionen durchgeführt haben, sondern Wissenschaftler, die sich in ihrem Weltbild bedroht sähen und daher zu der argumentativen Waffe der Wissenschaftsfreiheit griffen, um ihr Gegenüber auf diese Weise zum Schweigen zu bringen.

In jüngerer Zeit hat sich insbesondere der Literaturwissenschaftler Adrian Daub dem Phänomen einer sogenannten «Cancel Culture» gewidmet. Debatten darüber diagnostiziert er eine «Angst vor Verlust von Diskurshoheit; ein verzogenes Einklagen versagter Resonanz; und ein geradezu klassisches Schimpfen über die Jugend, aufgeblasen zum Weltkonflikt.»[60] Ihnen liege eine «Art projektiver Narzissmus» zugrunde: «Was einen selbst irritiert (Gendern, Debatten über Dreadlocks), muss unbedingt der Untergang der westlichen Kultur sein.» Daub greift die empirische Basis einer möglichen «Cancel Culture» scharf an: «Cancel-Culture-Diagnosen werden fast komplett an einzelnen Anekdoten festgemacht», bei denen es sich um «tendenziös gestrickte, häufig nur auf einer einzigen Gewährsperson basierende Fabeln» handele. Hierin liege die «Magie der Rede vom Canceln: Sie unterteilt die Masse minimaler Vorkommnisse in solche und solche, überhöht die einen und relativiert die anderen.» Daub deutet Diskurse über «Cancel Culture» als Ausdruck eines Machtkampfes – wobei die Mächtigen die Rede vom «Canceln» zur eigenen Machterhaltung verwenden, indem der politische Gegenspieler als Gefahr für den freien Diskurs gebrandmarkt wird. Die Grenzlinien verlaufen bei Daub insoweit zwischen «der Linken» und einem «rechten» Spektrum, zu dem er insbesondere auch «Liberale» zählt. Nach seiner Auffassung haben «Cancel-Culture-Anekdoten [...] eine sehr wichtige unausgesprochene Botschaft: «‹Ihr› – alternde weiße Menschen ohne Migrationshintergrund, die ihr euch erinnern könnt an eine Zeit, in der ihr scheinbar viel mehr sagen durftet – ‹seid das Volk›».» Am Ende verkaufe sich der «Kampf gegen Cancel Culture [...] als Speerspitze eines wehrhaften Liberalismus», sei in Wahrheit aber selbst eine Bedrohung für die liberale Demokratie.

Daubs Kritik verdeutlicht eindrücklich, dass ein Mehr an empirischen Daten zum Stand der Meinungsfreiheit in deutschen Diskursräumen ein Forschungsdesiderat darstellt. Ob seine Studie dazu beiträgt, Licht ins Dunkel der Frage zu bringen, wie häufig oder auch selten «Cancel Culture» tatsächlich um sich greift, erscheint indes zweifelhaft. Das liegt im Wesentlichen an der *Methode*, mit der sich der Literaturwissenschaftler dem Phänomen annähert. Daubs Feststellung, dass sich die mediale Berichterstattung auf bestimmte, besonders prominente Fälle konzentriert, sagt eben nicht mehr aus als dies: *Dass* es in der medialen Berichterstattung einen Fokus auf diese Fälle gibt. Es lässt sich daraus aber gerade nicht auf die Häufigkeit möglicher weiterer *realer* Fälle, gar deren gänzliches Fehlen schließen. Anderenfalls müsste Daub zunächst begründen, weshalb er davon ausgeht, dass sämtliche Fälle einer möglichen «Cancel Culture» an Universitäten unweigerlich Gegenstand der medialen Berichterstattung werden, es also keine Fälle gibt, über die Zeitungen nicht schreiben. Es lassen sich ohne Weiteres Gründe dafür finden, weshalb es in der Lebenswirklichkeit anders sein dürfte: etwa weil nicht alle Fälle eines «Cancelns» besonders geräuschvoll vonstattengehen (zum Beispiel weil die Beteiligten es erst gar nicht zu einer Eskalation des Streits kommen lassen) oder weil die Akteure sowohl auf wissenschaftlicher Seite als auch auf Seiten des eingeladenen Gastes weniger großes gesellschaftliches Interesse hervorrufen (zum Beispiel weil «nur» der wissenschaftliche Mittelbau betroffen ist bzw. die eingeladene Person keine besondere Bekanntheit genießt).

Das Fehlen belastbarer Daten erweist sich nicht zuletzt deshalb als misslich, weil in der Debatte empirische Evidenzen in ganz unterschiedlicher Weise behauptet werden. Während die einen eine Zunahme von Verhaltensweisen des «Cancelns» ausmachen wollen, bestreitet Daub dies wortstark. Dem Diskurs über «Cancel Culture» attestiert er ein «Proportionalitätsproblem» und meint damit ein allzu deutliches Auseinanderklaffen von der Realität eines Phänomens und dessen wahrgenommener Häufigkeit. Eine solche Schlussfolgerung kann aber nicht aus einer bloßen Analyse und ggf. Relativierung derjenigen Fälle gezogen werden, die medial besonders prominent aufbereitet werden. Zumal Daub in seiner Argumentation dem Umstand zu wenig Berücksichtigung schenkt, dass die Fokussierung auf bestimmte «Anekdoten», die zum Beispiel Politiker, Hochschullehrer oder sonst einflussreiche Personen betreffen, neben marktschreierischer Aufmerksamkeitshascherei und dem Wunsch nach erhöhten Klick- bzw. Abonnementzahlen einen guten Grund haben kann. So erweist sich die Konfrontation derjenigen, die gesellschaftlich zum Beispiel aufgrund ihrer beruflichen Position als «mächtig» begriffen werden, mit Praktiken, die manche als «Canceln» bezeichnen, deshalb als relevant (und ggf. berichtenswert), weil sie Rückschlüsse auf die gewissermaßen «darunter liegenden Ebenen» zulässt. Daub stellt überzeugend fest, dass sich «Cancel-Culture-Anekdoten» in aller Regel nicht an «prekären Existenzen festmachen» – wie etwa befristet beschäftigten Wissenschaftlern an Universitäten. Hieraus zu schlussfolgern, dass diese Personen von dem Phänomen «Cancel Culture» nicht betroffen sind, überzeugt aber nicht. Wichtig wäre es doch gewesen, an dieser Stelle zu fragen, ob durch das «Canceln» von Führungspersonal an Universitäten nicht auch Effekte auf deren hierarchisch nachgeordnete Kollegen und Mitarbeiter ausgelöst werden – und verfangen. Zum Beispiel: Wirkt es sich nicht abschreckend auf eine Nachwuchswissenschaftlerin aus, wenn sie als befristet beschäftigte Habilitandin das «Canceln» ihrer auf Lebenszeit ernannten Betreuerin miterlebt? Ist also der verstärkte Bericht über Fälle des «Cancelns» «Mächtiger» nicht möglicherweise so zu verstehen, dass auf einen problematischen «a maiore ad minus»-Effekt hingewiesen werden soll? Der Gedanke scheint zumindest auf den ersten Blick nicht völlig abwegig. Es würde lohnen, ihn empirisch zu überprüfen. Daub schenkt ihm gleichwohl wenig Beachtung, was sich nachteilig auf den empirischen Wert seiner Untersuchung auswirkt.

Hat sich die Diskursqualität an deutschen Universitäten also überhaupt verschlechtert – was wiederum ein Anhaltspunkt für eine ihrerseits gewachsene Diskursvulnerabilität in diesem gesellschaftlichen Raum spräche? Diese Annahme legt eine jüngere Fallstudie der Politikwissenschaftler Matthias Revers und Richard Traunmüller nahe. Die Studie zielt darauf ab, durch Befragungen von Studierenden an der gesellschaftswissenschaftlichen Fakultät der Goethe-Universität Frankfurt Erkenntnisse über den Zustand der Meinungsfreiheit an deutschen Hochschulen zu erlangen.[61] Die Aussagekraft der Untersuchung ist freilich aufgrund verschiedener Faktoren eingeschränkt: Mit ca. 1000 Studierenden ist die Datengrundlage weniger umfangreich als wünschenswert. Auch lassen sich aus der Studie keine Erkenntnisse darüber ableiten, ob der gegenwärtige Zustand neu ist bzw. eine Veränderung verglichen mit früheren Jahren darstellt. Gleichwohl geben die Daten einen ersten Eindruck von einer Situation, zu der weitere Forschungsarbeit mehr als wünschenswert ist. Von den befragten Studierenden gaben zwischen einem Drittel und der Hälfte an, dass sie kontroverse Redner an der Universität nicht zulassen würden. Höher – nämlich bei bis zu zwei Drittel – liegen die Zahlen noch bei denjenigen, die der Ansicht sind, solchen Personen sollte es nicht erlaubt sein, an der Universität zu lehren. Ungefähr ein Drittel der Befragten denkt, dass die Bücher von Menschen mit kontroversen Standpunkten aus Universitätsbibliotheken entfernt werden sollten. Als «kontroverse» Haltungen gab die Studie den Befragten vier Kategorien vor: Die Annahme, der Islam sei unvereinbar mit dem westlichen Lebensstil (1); dass es biologische Unterschiede in den Fähigkeiten von Männern und Frauen gibt (2); eine Opposition gegen jede Form von Immigration (3) sowie die Auffassung, Homosexualität sei unmoralisch und gefährlich. Aus der Studie lassen sich nach Ansicht ihrer Autoren außerdem Erkenntnisse zum Auftreten von Konformitätsdruck ableiten. So gibt ein Viertel der Befragten an, persönlich für die Äußerung einer unliebsamen Meinung angegriffen worden zu sein, während ein Drittel sich zurückhält, in universitären Lehrveranstaltungen offen die eigene Meinung zu einem kontrovers diskutierten Thema zu äußern.

Die Ergebnisse der Befragungen haben in der Fachwelt eine Kontroverse ausgelöst.[62] Überraschen kann die der Studie entgegengebrachte Aufmerksamkeit nicht, denn sollten sich die Befunde der Autoren in größer angelegten, repräsentativen Befragungen bestätigen, würde dies einen langen Schatten auf die Diskursfreiheit und -qualität an deutschen Universitäten werfen. Interessant sind vor diesem Hintergrund Äußerungen, die im Zusammenhang mit der Kritik an der Studie sowie dem Phänomen einer möglichen «Cancel Culture» im Allgemeinen von unterschiedlichen Seiten vorbracht wurden. So werden Diskursbeschneidungen im universitären Raum von mehreren Autoren durchaus befürwortet. Von ihnen wird darauf hingewiesen, dass bestimmte Meinungskundgaben ein diskriminierendes Potential aufweisen. Die Meinungsfreiheit sei nicht schrankenlos gewährleistet, sondern stoße unter anderem immer dann an ihre Grenzen, wenn es zu Diskriminierungen anderer kommt.[63] An Universitäten dürfe kein «Klima» geschaffen werden, in dem «solche Diskriminierungen [wie die kontroversen Positionen in der Studie von Revers/Traunmüller] sagbar sind». So fragt beispielsweise der Soziologe Lars Meier in Richtung auf die Studienleiter Revers und Traunmüller: «Wieso sollten Studierende und Lehrende gegen das Gleichbehandlungsgesetz handeln und nicht dazu beitragen Diskriminierungen in den Universitäten aktiv zu beseitigen und zu verhindern?» Als bemerkenswert erweist sich diese rhetorische Frage nicht zuletzt deshalb, weil die aktive Beseitigung und

Verhinderung von Diskriminierung, wie sie sich Meier wünscht, im Rahmen des Studiendesigns gerade nicht bloß durch «Debatten und Kritik» erfolgte, sondern durch deren genaues Gegenteil: eine Verdrängung der entsprechenden Personen und Positionen aus dem Diskurs. Auf diese Weise wird aber jedweder Debatte oder Kritik die Grundlage entzogen – sie werden abgeschnitten, bevor sie überhaupt anfangen können.

Während über das tatsächliche Auftreten von Diskursstörungen bzw. die Häufigkeit eines sogenannten «Cancelns» an Universitäten angesichts der gegenwärtigen empirischen Datenlage kaum Einigkeit zu erzielen ist, verhält es sich hinsichtlich eines anderen Phänomens gerade nicht so. So teilen die meisten die Einschätzung, dass zumindest *eines* in den letzten Jahren im Diskursraum Universität gewachsen ist: die Sensibilität im Umgang miteinander und damit die Einsicht, dass Menschen *im Diskurs vulnerabel* sein können und hierauf Rücksicht zu nehmen sei. Die Studie von Traunmüller und Revers spricht hier eine klare Sprache. So hatte ein Drittel der befragten Studierenden angegeben, dass sie sich in der Kundgabe ihrer politischen Meinung im Unterricht zurückhielten. Grund dafür sei die Sorge vor Ablehnung durch Kommilitonen.[64] Die darin zum Ausdruck kommende Ablehnung «kontroverser» Haltungen deutet auf eine größere Sensibilität im Umgang miteinander hin. Auf einer Linie damit liegt der Hinweis auf das diskriminierende Potential solcher Äußerungen.

Hierzu passt es, dass die Philosophin Svenja Flaßpöhler insbesondere im Diskursraum Universität zunehmend eine «empfindsame politische Existenz» am Werk sieht, «die durch sichere Orte vor den Härten eines offenen Debattenkampfes und hegemonialer Dominanz bewahrt werden soll.»[65] Und auch Adrian Daub bestätigt diesen Befund: In Anekdoten über «Cancel Culture» komme zum Ausdruck, «dass Menschen in einem multikulturellen Land wie den USA seit Jahrzehnten versuchen, aufeinander Rücksicht zu nehmen.» In Deutschland habe diese Entwicklung in den 90er Jahren Einzug gehalten.[66] Es spricht daher vieles dafür, dass sich auch im Debattenraum Universität eine besondere Diskursvulnerabilität Bahn bricht. Wir haben anhand anderer Beispiele gesehen, dass Diskursvulnerabilität die Basis für Abwehrreaktionen gegenüber bestimmten Diskursen oder Diskursteilnehmern liefern kann. Sollten sich die derzeit bestehenden Anhaltspunkte für eine Verschlechterung des universitären Diskursklimas bestätigen, ließe sich dies also wiederum auf das Phänomen der Diskursvulnerabilität zurückführen.

Freiheitsverluste infolge von Diskursvulnerabilität

Diskursvulnerabilität kann einen Einfluss darauf haben, wie viel Freiheit dem Einzelnen in einer Gesellschaft eingeräumt wird. Mit ihrem Auftreten geht das Risiko einher, individuelle Freiheit über Gebühr einzuschränken. Dabei geht es mir nicht in erster Linie um Freiheitsverluste durch die Beeinträchtigung der freien Rede. Sicherlich schränkt es die Meinungsfreiheit und mitunter auch die Wissenschaftsfreiheit ein, wenn Personen deshalb nicht zu Wort kommen, weil öffentliche Vortragsveranstaltungen boykottiert oder weil sie nicht in Talkrunden eingeladen werden. Auch ist die Meinungsfreiheit infolge von *chilling effects* gefährdet – wenn sich nämlich Menschen schon deshalb nicht offen äußern, weil sie befürchten, dass andere darauf mit Wut und Protest reagieren oder sie gänzlich sozial ausschließen. Der frühere Vize-Präsident des Bundesverfassungsgerichts Ferdinand Kirchhof findet hierfür klare Worte: «Moralisierende Diskussionstabus gefährden die von Art. 5 GG intendierte Meinungsvielfalt in gleicher Weise wie staatliche Zensur und Aufsicht.»[67] Denn:

> Statt der früher üblichen Auseinandersetzung in gegenseitigem Zuhören und Respekt wird heute ein Streit geführt, in dem die Argumente des Andersdenkenden kaum noch aufgenommen werden, sondern es lediglich darum geht, seine eigene Meinung durchzusetzen. Besetzt eine andersdenkende Minderheit auf diese Weise die öffentliche Meinung oder wird ihre Auffassung gar zum gesellschaftlichen Mainstream, kommt es zu einer Zensur durch die Gesellschaft. Sie folgt nur noch dem ‹guten› Mainstream und drängt die ‹bösen› Andersdenkenden in moralischer Selbstgewissheit an den Rand der Gesellschaft. Den Schaden trägt die Demokratie davon, denn ‹Je enger die Grenzen des Sagbaren gesteckt sind, desto autoritärer ist eine Gesellschaft, auch wenn sie formal demokratisch ist.› Dem könnte man freilich durch Zivilcourage des Einzelnen ausweichen. Sie setzt Art. 5 GG letztlich auch unausgesprochen voraus. Ein Widerspruch fordert jedoch den Mut des Einzelnen, begründet oftmals Risken für sein berufliches und gesellschaftliches Fortkommen und bleibt deswegen aus. Aus diesem Grund wirkt die gesellschaftliche Vorzensur ähnlich wie ein staatliches Verbot recht effektiv.[68]

Neben dieser Beeinträchtigung der Redefreiheit weist Diskursvulnerabilität aus freiheitsrechtlicher Perspektive allerdings noch eine weitere Dimension auf, die sich stärker auf einer gesamtgesellschaftlichen Ebene abspielt: der Ebene öffentlicher Aushandlungsprozesse. Darin wird unter anderem verhandelt, ob bzw. wie individuelle Freiheit durch Gesetze neu vermessen werden soll. Wie ich zeigen möchte, kann sich Diskursvulnerabilität auf diesen Prozess störend auswirken – mit unter Umständen weitreichenden Folgen.

Um den so wichtigen Zusammenhang zwischen der Meinungsfreiheit und dem Funktionieren demokratischer Entscheidungsfindungsprozesse besser zu verstehen, lohnt ein kurzer Blick in die Rechtsprechung des Bundesverfassungsgerichts. Darin betont das höchste deutsche Gericht die große Bedeutung der Meinungsfreiheit für den öffentlichen Diskurs. Die Absicherung des Rechts auf freie Meinungsäußerung wirkt sich dadurch zugleich auf die

Gewährleistung sämtlicher anderer Freiheitsrechte aus. In den Worten des Bundesverfassungsgerichts:

> Das Grundrecht auf freie Meinungsäußerung ist als unmittelbarster Ausdruck der menschlichen Persönlichkeit in der Gesellschaft eines der vornehmsten Menschenrechte überhaupt (un des droits les plus précieux de l'homme nach Art. 11 der Erklärung der Menschen- und Bürgerrechte von 1789). Für eine freiheitlich-demokratische Staatsordnung ist es schlechthin konstituierend, denn es ermöglicht erst die ständige geistige Auseinandersetzung, den Kampf der Meinungen, der ihr Lebenselement ist. Es ist in gewissem Sinn die Grundlage jeder Freiheit überhaupt, ‹the matrix, the indispensable condition of nearly every other form of freedom› (Cardozo).[69]

Und:

> Denn es ist eine der Grundanschauungen der freiheitlichen Demokratie, daß nur die ständige geistige Auseinandersetzung zwischen den einander begegnenden sozialen Kräften und Interessen, den politischen Ideen [...] der richtige Weg zur Bildung des Staatswillens ist – nicht in dem Sinne, daß er immer objektiv richtige Ergebnisse liefere, denn dieser Weg ist a process of trial and error (I. B. Talmon), aber doch so, daß er durch die ständige gegenseitige Kontrolle und Kritik die beste Gewähr für eine (relativ) richtige politische Linie als Resultante und Ausgleich zwischen den im Staat wirksamen politischen Kräften gibt.

In anderen Worten: In einer Demokratie kommt dem offenen Diskurs eine, wenn nicht *die* zentrale Rolle zu. Er ist der Schlüssel zur gesellschaftlichen Entscheidungsfindung. Auch wenn diese stets unter dem Vorbehalt steht, dass sich zu einem späteren Zeitpunkt andere Erkenntnisse ergeben oder abweichende Werturteile durchsetzen, steht doch der Diskurs als Instrument zur Verfügung, um sich der bestmöglichen Entscheidung immer weiter anzunähern. Die «ständige geistige Auseinandersetzung» ist der Schlüssel zu einer Abwägung von Freiheitsinteressen in einer Demokratie – man könnte sagen: der Demokratie als «gesprächigster aller Staatsformen».

Diese hervorgehobene Bedeutung des freien Diskurses für das Funktionieren eines demokratischen Rechtsstaats betont nicht zuletzt Jürgen Habermas.[70] Seiner Auffassung nach beschränkt sich die diskursive Meinungs- und Willensbildung jedoch «keineswegs auf die Parlamente». Sie findet vielmehr zu einem relevanten Anteil im «Kommunikationsnetz politischer Öffentlichkeit» statt, das gerade nicht durch ein Verfahren reguliert wird. Sie hat daher «den Vorzug eines Mediums *uneingeschränkter* Kommunikation, in dem neue Problemlagen sensitiver wahrgenommen, Selbstverständigungsdiskurse breiter und expressiver geführt, kollektive Identitäten und Bedürfnisinterpretationen ungezwungener artikuliert werden können als in den verfahrensregulierten Öffentlichkeiten. Die demokratisch verfaßte Meinungs- und Willensbildung ist auf die Zufuhr von informellen öffentlichen Meinungen angewiesen». Denn: «Erst nach einem öffentlich ausgetragenen ‹Kampf um Anerkennung› können die umstrittenen Interessenlagen von den zuständigen politischen Instanzen aufgegriffen [...] und gegebenenfalls zu Anträgen und bindenden Entscheidungen verarbeitet werden.» «Die deliberative Politik zehrt also vom Zusammenspiel der demokratisch verfaßten Willensbildung mit einer informellen Meinungsbildung.» Dabei hängen für Habermas das diskursive Niveau und die Qualität der erzielten Debattenergebnisse zusammen. Letztere lassen sich danach bemessen, wie erschöpfend die Kontroverse geführt wurde und welche Informationen und Gründe mehr oder weniger rational verarbeitet werden konnten.

Vor diesem Hintergrund wird deutlich, dass Verzerrungen der öffentlichen Kommunikationsprozesse negative Folgen für den demokratischen Rechtsstaat haben müssen. Probleme entstehen, «wenn die Ressourcen der Lebenswelt für spontane öffentliche Kommunikationen nicht ausreichen, um eine ungezwungene Artikulation gesellschaftlicher Interessen zu gewährleisten.» Schwächen «von Zivilgesellschaft und politischer Öffentlichkeit können sich zu einem ‹legitimatorischen Dilemma› zuspitzen». Wir sind damit am entscheidenden Punkt unserer Argumentation angekommen. Im öffentlichen Diskurs zwischen den Gesellschaftsmitgliedern werden Normen auf ihre Richtigkeit überprüft.[71] Dies betrifft sowohl bereits geltende Gesetze, die kritisch hinterfragt werden können, als auch mögliche neue Rechtsvorschriften. Ob der Diskurs gelingt, ist ein starkes Argument für die Richtigkeit der auf diesem Wege erzielten Ergebnisse. Je besser das qualitative Niveau der Debatte, desto höher die Richtigkeitsgewähr für das Resultat.

Wonach aber bemisst sich das Diskursniveau? In seiner Diskurstheorie konkretisiert Habermas dies durch eine Beschreibung der «idealen Sprechsituation». Sie liefert einen kritischen «Maßstab, an dem jeder faktisch erzielte Konsensus auch in Frage gestellt und daraufhin überprüft werden kann, ob er ein hinreichender Indikator für einen begründeten Konsensus ist.» Damit erkennt Habermas an, dass eine ideale Sprechsituation realistischerweise kaum zu erreichen ist: In aller Regel gibt es praktische Beschränkungen, die der Verwirklichung des Ideals entgegenstehen. Das Bild der idealen Sprechsituation dient daher als Maßstab, der zwar nie hundertprozentig erreichbar, gleichwohl aber in höchstem Maße erstrebenswert ist. Im Anschluss an Habermas hat der Rechtstheoretiker Robert Alexy diesen Maßstab in der Gestalt von drei einfachen Grundregeln für die Freiheit des Diskutierens reformuliert. Sie lauten: (1) Jeder, der sprechen kann, darf an Diskursen teilnehmen. (2) (a) Jeder darf jede Behauptung problematisieren. (b) Jeder darf jede Behauptung in den Diskurs einführen. (c) Jeder darf seine Einstellungen, Wünsche und

Bedürfnisse äußern. (3) Kein Sprecher darf durch innerhalb oder außerhalb des Diskurses herrschenden Zwang daran gehindert werden, seine in (1) und (2) festgelegten Rechte wahrzunehmen.[72]

Anhand dieser Regeln offenbart sich nunmehr das freiheitsgefährdende Potential des Phänomens der Diskursvulnerabilität. Werden einzelne Diskursteilnehmer aus dem Gespräch herausgehalten, um diskursvulnerable Menschen vor Verletzungen zu schützen, verstößt dies gegen die erste Diskursregel. Sofern Argumente aus denselben Gründen in der Debatte nicht zugelassen werden bzw. unberücksichtigt bleiben, etwa weil sie vorschnell als «Spinnerei» abgetan werden, liegt hierin ein Verstoß gegen die Diskursregel (2) (b). Bilden sich vermeintlich unantastbare «Wahrheiten» in der öffentlichen Debatte heraus, die mit sachbezogenen Argumenten nicht angegriffen werden dürfen, liegt hierin ein Verstoß gegen Diskursregel (2) (a). Wenn die Nichtteilnahme einer Person am Diskurs darauf zurückzuführen ist, dass sie zwangsweise daraus entfernt wird, verstößt dies gegen Diskursregel (3). Ein Beispiel dafür liefern erfolgreiche Protestaktionen gegen öffentliche Vortragsveranstaltungen oder auch *chilling effects,* die eintreten, wenn andere Personen ihre von der Redefreiheit gedeckte Meinung von vornherein nicht zu äußern wagen, weil sie sich vor erwartbaren gesellschaftlichen Sanktionen fürchten. Weil die verschiedenen Folgen der Diskursvulnerabilität die Qualität des Diskurses verschlechtern, wirken sie sich auf die Richtigkeit des darin erzielten Ergebnisses aus. Betrifft der Diskurs wie in unserem Zusammenhang die Rechtsentwicklung, kann dies weitreichende Folgen für die Gewährleistung individueller Freiheit haben. Verstöße gegen Diskursregeln bergen das Risiko, dass die erforderliche Abwägung widerstreitender Interessen nicht ausgewogen erfolgt. Wichtige Argumente können überhört werden oder zumindest nicht den Stellenwert erlangen, der ihnen sachlich zukommt. Der «Kampf der Meinungen» als «Lebenselement» der Demokratie droht, empfindlich gestört zu werden.

Doch berücksichtigen Alexys Diskursregeln das Phänomen der Diskursvulnerabilität überhaupt angemessen? Ließe sich nicht mit guten Gründen argumentieren, dass Behauptungen, die andere verletzen, eben gerade nicht in den Diskurs eingeführt werden dürfen? Ist also nicht der Zwang gegenüber Personen, die diese Behauptungen aufstellen möchten, ein legitimes Mittel, um drohende Verletzungen anderer zu verhindern? In der Tat haben wir gesehen, dass die bloße Auswahl eines bestimmten Diskursthemas bei einigen Menschen erheblich negative Gefühle auslösen kann. Ebenso verhält es sich im Hinblick auf die Diskursteilnahme von Personen, die in der Vergangenheit durch ihre eigene Position und die von ihnen gewählten Argumente andere verletzt haben. Durch eine Wiederholung ihrer Äußerungen könnten sie eben jene Verletzungen weiter vertiefen. Diese Einsicht liegt auch der Sorge vor Diskriminierung durch bestimmte Äußerungen zugrunde. Die Auswahl des Themas, die Darstellung der dazu vertretenen Meinungen usw. drohen, bestehende gesellschaftliche Missstände weiter zu vertiefen. Um dies zu vermeiden, könnte es gerechtfertigt, wenn nicht gar geboten sein, nicht jeden zu Wort kommen zu lassen bzw. nicht jede These öffentlich zu besprechen.[73]

Bereits nach der geltenden Rechtslage erfahren die habermasschen Diskursregeln Einschränkungen. Wie wir am Beispiel der Hassrede gesehen haben, ist es gerade nicht so, dass jede Behauptung in den Diskurs eingeführt werden darf. Ein weiteres Beispiel liefert § 130 Abs. 3 StGB, der das Leugnen des Holocaust mit Strafe ahndet. Seit Kurzem ist es unter bestimmten Voraussetzungen außerdem strafbar, Völkermorde, Verbrechen gegen die Menschlichkeit und Kriegsverbrechen öffentlich zu leugnen (§ 130 Abs. 5 StGB). Darüber hinaus kennen die Ehrschutzdelikte seit Langem Grenzen der zulässigen Rede und damit der Erstreckung des Diskurses auf bestimmte Äußerungen. Erfasst sind davon unter bestimmten Voraussetzungen neben unwahren Tatsachenbehauptungen gerade auch solche Aussagen, die sich auf Tatsachen beziehen, die nur möglicherweise nicht der Wahrheit entsprechen – solange diese dazu geeignet sind, eine andere Person verächtlich zu machen oder in der öffentlichen Meinung herabzuwürdigen.

Allerdings tritt der Unterschied zwischen den gesetzlich geregelten Ausnahmen des grundsätzlich freien öffentlichen Diskurses und den kommunikativen Grenzen, die sich diskursvulnerable Menschen in dem einen oder anderen Zusammenhang wünschen, bei Lichte betrachtet offen zu Tage: Er liegt gerade darin, dass die bestehenden rechtlichen Einschränkungen der Diskursfreiheit *Ergebnis* einer demokratischen Entscheidungsfindung sind. In den Vorschriften kommen Abwägungsentscheidungen zum Ausdruck, auf die sich die Gesellschaft im demokratisch institutionalisierten Konsens verständigt hat. *Hier* werden Grenzen klar formuliert, was im Umkehrschluss heißt: Im Übrigen sollen die Diskursregeln keinerlei Einschränkung erfahren.

Das Bundesverfassungsgericht findet für diesen Zusammenhang klare Worte. Danach sind von der Meinungsfreiheit gerade auch solche Meinungen erfasst, «die auf eine grundlegende Änderung der politischen Ordnung zielen, unabhängig davon, ob und wie weit sie im Rahmen der grundgesetzlichen Ordnung durchsetzbar sind. Das Grundgesetz vertraut auf die Kraft der freien Auseinandersetzung als wirksamste Waffe auch gegen die Verbreitung totalitärer und menschenverachtender Ideologien.»[74] Aus diesem Grund ist selbst das Verbreiten nationalsozialistischen Gedankenguts nur unter den besonderen Voraussetzungen des § 130 StGB verboten und strafbar. Über die geltenden Gesetze hinaus setzt das Bundesverfassungsgericht im Umgang mit kontroversen bis hin zu menschenverachtenden Positionen auf den «freien politischen Diskurs». Damit ist nicht ausgeschlossen, dass bestimmte Diskursräume künftig einmal neu vermessen werden und dann auch bislang zulässige Behauptungen nicht länger in die öffentliche Debatte eingeführt werden dürfen. Diskursvulnerabilität setzt in diesem Prozess allerdings an der falschen Stelle an. Die Verdrängung von Positionen aus dem freien Diskurs muss – wenn überhaupt – über die dafür vorgesehenen demokratischen Verfahren erfolgen. Diese setzen in einer Demokratie allerdings das Gespräch voraus. Wer also meint, bestimmte Gesprächsinhalte sollten zum Schutz vor Verletzungen der anderen nicht mehr öffentlich zur Sprache kommen dürfen, müsste hierzu zunächst einen entsprechenden Diskurs anstoßen – und ihn gerade nicht durch Boykott und Ausschluss im Keim ersticken. Manch einer mag dies als Zumutung empfinden. Es handelt sich dabei allerdings um eine Zumutung, die die Demokratie den Bürgern auferlegt.

Die von mir geäußerte Kritik an Diskursvulnerabilität und ihren Folgen für den freien öffentlichen Austausch soll insoweit nicht missverstanden werden als Relativierung der zugrundeliegenden, mitunter ganz berechtigten Belange. Ob es einer höheren Sensibilität im Umgang miteinander bedarf, muss in einer Demokratie – wie alles andere – besprochen werden. Dem trägt nicht Rechnung, wer aus Gründen der Verletzlichkeit Diskurse unterbindet – ebenso wenig wie derjenige, der dasselbe Ergebnis dadurch erzielt, dass er dem Gegenüber Überempfindlichkeit vorwirft. Wie wir gesehen haben, ist Diskursvulnerabilität eine Gefahr für ein freiheitliches Gemeinwesen, wenn sie dazu führt, dass Diskurse nicht geführt werden. Wird sie hingegen selbst zum *Gegenstand* des Diskurses in dem Sinne, dass offen besprochen wird, ob die Grenzen des kommunikativen Umgangs miteinander neu vermessen werden müssen, entspricht dies genau der Vorgehensweise, wie sie einer Demokratie eigen ist.

5 Vulnerabilität und Freiheit

Freiheit und Vulnerabilität stehen in einem facettenreichen Spannungsverhältnis. Schreiben die Menschen sich selbst und ihrem Gegenüber mehr und mehr Verletzlichkeit in verschiedenen Lebensbereichen zu, führt dies mitunter zu bedeutsamen Freiheitsverlusten – nämlich dann, wenn Eigenverantwortung zurückgefahren und dem Staat die Befugnis eingeräumt wird, die betroffene Sphäre menschlichen Miteinanders durch Gesetze oder andere hoheitliche Akte zu regulieren. Auf diese Weise geht *allen* Freiheit verloren – selbst denjenigen, auf deren Schutz die neuen Vorschriften gerichtet sind. Dies betrifft nicht zuletzt die für ein demokratisches Gemeinwesen essenzielle Freiheit zur Konfliktaustragung. Immer dort, wo sich der Staat mit seinen Instrumenten bildlich gesprochen zwischen die Menschen schiebt, geht Raum verloren – ein Raum, der bislang zur Reibung, zum Konflikt genutzt werden konnte. Diskursvulnerabilität führt ihrerseits dazu, dass individuelle Freiheit schwindet – und zwar nicht allein deshalb, weil die Rücksichtnahme auf die Gefühle anderer oder die Angst vor sozialen Konsequenzen infolge einer bestimmten Meinungsäußerung dazu führen, dass die Meinungsfreiheit beschnitten wird. Ein echtes Problem für die Gewährleistung von Freiheit bedeutet Diskursvulnerabilität deshalb, weil sie die freie gesellschaftliche Debatte über nicht zuletzt besonders relevante Themen behindert. Schlimmstenfalls kommen wichtige Sachargumente nicht in der gebotenen Weise zur Sprache, worunter die Qualität der Entscheidung leidet, die in einer Demokratie auf dem Weg der kommunikativen Aushandlung getroffen wird.

Diskursvulnerabilität ist Sand im Getriebe eines offenen Austauschs.

Wir haben gesehen, dass der Befund erhöhter Vulnerabilität ein gesamtgesellschaftliches Phänomen darstellt. Zwar sprechen einige Gründe dafür, dass das verstärkte Auftreten von Vulnerabilitätsannahmen im Kontext von öffentlichen Gerechtigkeitsdebatten damit zusammenhängt, dass wir es hier mit Personen zu tun haben, die zu den «Schwachen» der Gesellschaft gehören. Vulnerabilität kann also insbesondere bei den marginalisierten Mitgliedern der Gesellschaft auftreten. Allerdings zeigen zahlreiche der von mir diskutierten Beispiele, dass sich das Phänomen der Vulnerabilität gerade nicht auf diesen Personen- und Themenkreis beschränkt. Zu denken ist bloß an den gesellschaftlichen Umgang mit der Suizidassistenz. Weder geht es dabei im Kern um Fragen der sozialen Gleichbehandlung noch sind davon in erster Linie Menschen betroffen, die zu marginalisierten Gruppen zählen. So kann der Wunsch auf Suizidassistenz ganz unabhängig vom sozialen Status individuell auftreten und betrifft in der Lebenswirklichkeit gerade auch Menschen, die Zeit ihres Lebens zu den «Starken» gehörten[1] – und möglicherweise auch deshalb die Kontrolle am Lebensende nicht abgeben möchten.

Dass besondere Verletzlichkeit nicht bloß bei den «Schwachen» auftritt, zeigt sich auch im Bereich der Diskursvulnerabilität. Wie wir gesehen haben, tritt eine besondere Verletzlichkeit im Gespräch quer durch sämtliche gesellschaftliche Gruppen auf. Diskursvulnerabel zeigen sich gerade auch Menschen, die durch ihre persönliche Auffassung wenn nicht die Mehrheit, so doch einen besonders großen Teil der Bevölkerung repräsentieren. Ein Beispiel dafür liefert die öffentliche Debatte zu deutschen Waffenlieferungen an die Ukraine im Jahr 2022. Die Diskussion wurde besonders emotional geführt – und zwar nicht zuletzt von den Befürwortern der Waffenlieferungen, obwohl sie weite Teile der öffentlichen Medienlandschaft und der deutschen Bevölkerung (46 Prozent im Mai 2022)[2] hinter sich wussten. Es lässt sich also gerade nicht sagen, dass lediglich die Angehörigen marginalisierter Gruppen ein hohes Maß an Diskursvulnerabilität an den Tag legen. Diskursvulnerable Menschen gibt es heute überall – in gesellschaftlichen Randgruppen ebenso wie in den jeweiligen Mehrheitsgesellschaften. Wachsende Vulnerabilität und ihre spezifische Ausprägung als Diskursvulnerabilität lassen sich als Phänomene daher nicht allein damit erklären, dass Gerechtigkeitsfragen in den gesellschaftlichen Fokus gerückt sind.

Das letzte Kapitel stellt sich vor diesem Hintergrund die Frage, wie gesellschaftlich mit der Erkenntnis umgegangen werden kann, dass Vulnerabilität die öffentlichen Debatten und in der Folge die Gesetze immer stärker prägt. Der Schlussteil dient nicht zuletzt dazu, Wege aufzuzeigen, wie Vulnerabilitäten besonders gut in die weitere Rechtsentwicklung integriert werden können. Es ist also zu klären, ob das vermehrte Auftreten verschiedener Formen von Vulnerabilität überhaupt als *negative* Entwicklung zu begreifen ist. Die Antwort fällt differenziert aus. Denn *eines* ist deutlich geworden: Die Zuschreibung von Vulnerabilität hat in vielen Bereichen des Rechts zu wichtigen Veränderungen geführt. Erst die Sensibilität gegenüber dem anderen hat epistemische Begrenzungen gelockert, die bis dahin den Blick auf das Gegenüber verstellt haben. Ein Beispiel dafür liefert die Einsicht in die hohe Bedeutung der sexuellen Selbstbestimmung als Rechtsgut. Sie konnte erst erlangt werden, nachdem die Perspektive derer, die in ihrer sexuellen Selbstbestimmung beeinträchtigt werden, umfangreich einbezogen wurde, und hat relevante rechtliche Fortschritte gebracht.

Verglichen damit fällt die Bewertung des Phänomens der Diskursvulnerabilität allerdings negativ aus. Solange sich das Gesprochene im Rahmen der geltenden Gesetze bewegt, ist jede Person zum Diskurs zugelassen – und zwar mit jedem Argument. Diskursvulnerabilität greift die Geltung dieser Diskursregeln an. Sie führt zu Beschneidungen öffentlicher Debatten, indem Themen, Sachargumente und sogar Personen daraus ausgeschlossen werden. Verloren geht dabei die Einsicht, dass Demokratie auch einmal als Zumutung empfunden werden kann – und zwar dann, wenn über Dinge gesprochen wird, die die eigene Person betreffen und die die Mehrheit möglicherweise ganz anders sieht als man selbst. Das kann mitunter wehtun, es reibt auf und löst Gefühle der Abwehr aus. Solche Erfahrungen gehören aber schlicht dazu. Demokratie ohne Streit ist nicht denkbar. Die unterschiedlichen und mitunter widersprüchlichen Interessen, die in einer Gemeinschaft vertreten sein können, lassen sich aber nur durch einen offenen demokratischen Diskurs miteinander vereinbaren. Es ist natürlich möglich, dass die einen oder anderen mit den Resultaten des öffentlichen Diskurses am Ende doch nicht zufrieden sind und sich in ihren Interessen nicht richtig repräsentiert fühlen. Ein besseres Verfahren liegt aber gerade nicht darin, den Diskurs gleich ganz sein zu lassen bzw. ihn in einer Weise zurückzuschneiden, dass sein Ausgang von Anfang an mehr oder minder feststeht. Noch einmal: Je unverstellter der Diskurs geführt wird, desto höher ist die Wahrscheinlichkeit, dass sein Ergebnis am Ende *gut* ist – es sich also um ein Ergebnis handelt, das bestmöglich all die gesellschaftlich vertretenen Interessen in Einklang bringt. *Schlechte* Diskursergebnisse bergen hohe Risiken, dass individuelle Freiheit stärker eingeschränkt wird, als dies notwendig und sachgerecht ist. Diskursvulnerabilität *ist* daher ein Problem für freiheitliche Gesellschaften, das als solches ernstgenommen werden sollte.

Zu diesem Ernstnehmen gehört es, den Verweis auf Sensibilität in bestimmten Debatten nicht bloß als unfaires Stilmittel in einem Machtkampf unterschiedlicher Gruppen zu werten, wie dies zum Beispiel im Kontext der sogenannten «Cancel Culture» allzu oft der Fall ist. Dabei kann nicht abgestritten werden, dass genau dies *auch* geschieht: In der Tat erlebt die Gesellschaft in verschiedenen Lebensbereichen den Wandel von Normen, der auf ein Erstarken von Gruppen zurückzuführen ist, die bislang ungerechtfertigter Weise nicht hinlänglich berücksichtigt wurden. Diesen Normwandel können andere, die für lange Zeit (bewusst oder unbewusst) privilegiert waren, als Verlust ihrer Machtposition erleben. Es liegt dann nahe, dass es auch zu aggressiven Abwehrreaktionen kommt. Je nachdem, in welchem Lager man steht, wird dem Gegenüber dann entweder Überempfindlichkeit oder ein egoistisches Festhalten an ungerechtfertigten Privilegien vorgeworfen.

Aus juristischer Perspektive ist offensichtlich, dass beide Argumentationsfiguren zu kurz greifen. Im Recht ist eine nüchterne Betrachtung geboten, weshalb zum Beispiel die Motive, die eine Person in ihrem tiefsten Inneren mit einem bestimmten Argument verbindet, irrelevant sind. Am Ende entscheidet allein, welche Sachgründe in einem offenen Diskurs überzeugen. Insofern genügt weder der Hinweis auf vermeintlich überzogene Empfindlichkeiten noch der auf eine Verteidigung vermeintlich ungerechtfertigter Privilegien, um den jeweils anderen und seine Position aus einer öffentlichen Debatte zu verdrängen. Das heißt: Auch das Argument, der andere sei zu sensibel, *ist* rechtlich bedeutsam und bedarf der Überprüfung. Sensibilität, die in Gesetze gegossen wird, beschneidet individuelle Freiheit. Es bedarf daher unbedingt einer Aushandlung darüber, ob die staatlich abgesicherte Wohlfühlzone ausgeweitet werden soll oder nicht.

Wieviel Sensibilität schuldet die Gesellschaft einander? Gerade diese Fragestellung muss offen zur Sprache kommen und kann daher nicht als unlauteres Stilmittel beiseitegeschoben werden. Wer nämlich so verfährt, droht den entscheidenden Punkt zu verpassen. Auch wenn das Argument der (vermeintlichen) Übersensibilität schmerzt – vor allem, wenn es vom politischen Gegner ausgesprochen wird –, ist es kein gangbarer Weg, ihm durch Diskursabbruch oder -beschneidung zu entgehen. Schließlich befinden wir uns hier im Zentrum einer Debatte über die Umwertung von Werten. Wenn es zu Verschiebungen kommt, die individuelle Freiheitsverluste zur Folge haben, muss offen besprochen werden, ob dahinter ein erhöhtes Maß an Sensibilität im Umgang miteinander steht, das gesellschaftlich auch *so* gewollt ist. Wer dies kritisch hinterfragt, verdient möglicherweise durchaus den Vorwurf, in (häufig: maskulinem) Machtdenken verstrickt zu sein. Allein, für die rechtliche Bewertung tut dies nichts zur Sache. Ihr Urteil sollte jenseits solcher Subjektivitäten stattfinden. Umso mehr spielt aber gerade die Antwort auf die Frage eine Rolle, wie viele Vulnerabilitätszuschreibungen gesellschaftlich tatsächlich gewünscht sind bzw. welche Bedeutung ihnen zukommen soll.

Es sind eben diese Fragen, die aus meiner Sicht derzeit gesellschaftlich nicht hinreichend reflektiert werden und die daher Anlass zu diesem Buch gegeben haben. Wieviel Vulnerabilitätszuschreibungen sind angemessen? Wieviel individuelle Freiheit sollte zu ihren Gunsten verloren gehen? Der frühere Präsident des Bundesverfassungsgerichts Hans-Jürgen Papier beschreibt diese Rechtsentwicklung in kritischen Worten:

> Fast jede staatliche Intervention bedeutet zugleich eine Beschränkung von Freiheit. Rechtliche Normierungen und Regulierungen können Risiken verringern, aber zugleich Handlungsmöglichkeiten und -chancen einschränken. Sie können dem Einzelnen Verantwortung abnehmen, aber sie können ihn eben dadurch auch in seiner Initiativkraft lähmen. Je mehr und je intensiver Lebensbereiche durchnormiert werden – und sei es auch in bester Absicht –, desto mehr läuft die Rechtsordnung Gefahr, allmählich die Eigenverantwortung und Selbstbestimmung, die sie ja eigentlich sichern soll, zu ersticken.[3]

Wie weit ist das Recht vom Erstickungstod der individuellen Selbstverantwortung entfernt? Und ist diese Entwicklung tatsächlich von einem gesellschaftlichen Konsens getragen?

Aus rechtlicher Perspektive sind die Antworten hierauf von hoher Bedeutung. Die Basis des freiheitlichen Rechtsstaats, wie ihn das deutsche Grundgesetz vorgibt, ist die individuelle Freiheit des Einzelnen. Das Rechtssystem ist ausgehend vom einzelnen Bürger und seinen Rechten gedacht. Beschneidungen von individueller Freiheit, wie sie zum Beispiel infolge verstärkter Vulnerabilitätszuschreibungen erfolgen, sind daher ein bedenkenswertes Phänomen. Damit ist nicht gesagt, dass all die Rechtsentwicklungen, die wir im dritten Kapitel näher betrachtet haben, negativ zu bewerten sind. Man kann zu ihnen mit guten Gründen ganz unterschiedliche Positionen vertreten, zumal die Wenigsten bei jeder Veränderung der bis dahin geltenden Gesetze ausschließlich eine Antihaltung einnehmen dürften. Und dennoch bieten sie Anlass zur kritischen Reflektion. Der Grund dafür liegt in dem Umstand, dass sie allesamt Ausdruck eines Trends sind, der auf die voranschreitende Zuschreibung besonderer Verletzlichkeit zurückzuführen ist. Wir haben gesehen, dass teils erhebliche Grundrechtseingriffe durch Gesetze letztlich darauf zurückzuführen sind, dass sich die gesellschaftliche Einstellung gegenüber dem geändert hat, was die Menschen im gegenseitigen Umgang einander zumuten wollen. Die Menschen sind sensibler geworden, sie sind in ganz vielen und verschiedenen Lebensbereichen *vulnerabel.* Dies nimmt immer mehr Einfluss auf unsere Gesetze und damit auf die Gewährleistung individueller Freiheit im Rechtsstaat.

Es ist nicht ausgemacht, dass diese Entwicklung generell begrüßenswert ist oder doch eher Anlass zur Sorge bietet – zumal klar sein dürfte, dass der pauschale Verweis auf Eigenverantwortung kein Patentrezept für sämtliche gesellschaftliche Herausforderungen bietet. Eine solche Annahme würde ernstzunehmende Anzeichen für eine mögliche Zuversichtskrise der Bürger ausblenden, die sich infolge der Erfahrung enttäuschter Erwartungen eigenverantwortlichen Handels etwa im Umgang mit Großrisiken wie dem Klimawandel einstellen kann. *Eines* steht aber fest: Die von mir nachgezeichnete Entwicklung sollte als solche in ihrer Dimension zumindest *erkannt* werden. Ganz unabhängig von meiner eigenen Rechtsauffassung erscheint es mir wichtig, dass das Wissen über den von mir beschriebenen Trend in der öffentlichen Debatte stärker als bislang ankommt. Wenn gesellschaftlich ausgehandelt wird, wie Freiheit künftig zwischen den Bürgern verteilt werden soll, sollte dieser Aspekt offen einbezogen werden. Und auch im Rahmen der rechtlichen Bewertung vor allem neuer Gesetze sollte kritisch reflektiert werden, inwieweit sie Ausdruck eines auf Vulnerabilitätsannahmen beruhenden Drifts der Verkürzung individueller Freiheit sind. Dabei gestaltet sich die Berücksichtigung der von mir beschriebenen Entwicklungen im Recht deutlich schwieriger als in der öffentlich geführten politischen Debatte. Dies hat methodische Gründe – nämlich in Gestalt der «isolierenden Betrachtungsweise der Jurisprudenz, die typischerweise vorrangig an einzelnen Handlungen oder Vorgängen und nur selten bzw. nachrangig an Gesamtvorgängen oder -situationen ansetzt.»[4] In der Grundrechtsdogmatik wird üblicherweise «*eine* staatliche Maßnahme und *deren* beeinträchtigende Wirkung bewertet.»[5] Das bedeutet also, dass in der von mir bereits näher geschilderten Verhältnismäßigkeitsprüfung in aller Regel keine Betrachtungen angestellt werden, die über die konkrete Einzelvorschrift hinausgehen. Die Frage also, ob ein Gesetz mit Blick auf den Zweck, den der Gesetzgeber damit verfolgt, geeignet, erforderlich und angemessen ist, vollzieht sich in einer auf *diese Regelung fokussierenden* Untersuchung. Was dabei zumeist nicht einbezogen wird, ist eine Würdigung des Gesetzes unter dem Gesichtspunkt aktueller Entwicklungen in der Gesamtrechtsordnung oder zumindest innerhalb des Rechtsgebiets, in dem sich die jeweilige Regelung bewegt (Ehrschutz, Umweltschutz etc.).

Dies wird von juristischer Seite seit längerer Zeit als Problem wahrgenommen. Michael Kloepfer schrieb dazu bereits im Jahr 1983: «Im Zuge einer zunehmenden [...] Verrechtlichung des Gemeinwesens gerät – für die Mehrheit der Bürger – nicht der vereinzelte tiefe Eingriff, sondern das dichte Netz ‹kleinerer› Pflichten und Einschränkungen zur schleichend-bedrohlichen Freiheitsgefährdung.»[6] Und auch das Bundesverfassungsgericht lässt in mehreren Entscheidungen ein entsprechendes Problembewusstsein erkennen:

> Mehrere für sich betrachtet möglicherweise angemessene oder zumutbare Eingriffe in grundrechtlich geschützte Bereiche können in ihrer Gesamtwirkung zu einer schwerwiegenden Beeinträchtigung führen, die das Maß der rechtsstaatlich hinnehmbaren Eingriffsintensität überschreitet. Kumulativen oder ‹additiven› Grundrechtseingriffen wohnt ein spezifisches Gefährdungspotenzial für grundrechtlich geschützte Freiheiten inne.[7]

In seiner Entscheidung zum früheren § 217 StGB (Geschäftsmäßige Förderung der Selbsttötung) mahnte das höchste deutsche Gericht an, im Rahmen der Grundrechtsprüfung die «Einheit der Rechtsordnung» zu bedenken, in die sich das strafbewehrte Verbot fügt.[8] Der Vorsitzende Richter am Bundessozialgericht Jens Kaltenstein erinnert vor diesem Hintergrund daran, dass die Grundrechtsdogmatik, «bildhaft gesprochen, nicht allein den einzelnen ‹Faden› des Normennetzes untersuchen [darf], sondern [...] auch Dichte und Webart des Netzes als Ganzes im Blickfeld haben [sollte].»[9]

Lösungsvorschläge für dieses Problem sind allerdings rar gesät. Erschwerend wirkt sich dabei aus, dass das Bundesverfassungsgericht selbst bislang keine klaren Grundsätze dafür entwickelt hat, wie sogenannte «Belastungskumulationen» in der Grundrechtsdogmatik berücksichtigt werden sollen. Manche schlagen daher eine «Gesamtverhältnismäßigkeitsprüfung» vor; andere wollen bei der punktuellen Prüfung von Eingriffen bleiben, dabei jedoch das «Eingriffsumfeld» stärker berücksichtigen als bislang. Denn: «Eine verfassungsrechtliche Bewertung der Tiefe eines Eingriffs ist nur möglich, wenn man die freiheitsbeschränkenden Wirkungen aller kumulierenden Grundrechtseingriffe in den Blickt nimmt.»[10] Wenn nämlich zu einem Verbotsgesetz noch weitere hinzutreten, «steigert sich die Verkürzung der grundrechtlichen Freiheit und damit der Grad des Grundrechtseingriffs.»[11]

Die Rechtsfigur des additiven Grundrechtseingriffs und seine Berücksichtigung im Rahmen der Prüfung hoheitlicher Akte soll letztlich dazu dienen, Überregulierung zu vermeiden, die unverhältnismäßig in die individuelle Freiheit eingreift. Die Überlegungen liegen daher auf einer Linie mit dem Anliegen, künftig im Rahmen der rechtlichen Bewertung insbesondere neuer Gesetze zu reflektieren, inwieweit diese Ausdruck zunehmender Vulnerabilitätszuschreibungen sind. Wir haben gesehen, dass Vulnerabilitätsannahmen eine Steigerungslogik inhärent ist. Die Gefahr von Übernormierungen ist daher im Zusammenhang mit Rechtsentwicklungen, durch die erhöhten Vulnerabilitätszuschreibungen Rechnung getragen wird, mit Händen zu greifen. In einer «Gesamtverhältnismäßigkeitsprüfung» würde es daher einen guten Sinn ergeben, die jeweilige punktuelle hoheitliche Maßnahme auch daraufhin zu prüfen, inwieweit sie sich in ein solches Muster «fügt» und daher im Verein mit anderen Eingriffen zu sehen ist, die ihrerseits Freiheit beschneiden, um Vulnerable zu schützen. Eine ganzheitliche Betrachtung der individuellen Freiheitssphäre sollte diese Perspektive künftig einbeziehen.

Diese Blickerweiterung im Zusammenhang mit der Überprüfung von hoheitlichen Akten erscheint mir bedeutsam. Die Fokussierung auf eine einzelne Vorschrift ermöglicht es kaum, einen Gesamteindruck von der geltenden Rechtsordnung zu erlangen. Es lässt sich dann nur schwer sagen, ob das Pendel durch genau diese Regelung in problematischer Weise zu weit in Richtung auf eine Rechtsordnung ausschlägt, die dem Einzelnen *zu wenig* Eigenverantwortung zuschreibt. Dabei ist klar, dass die von mir gewünschte Gesamtperspektive ihrerseits Schwierigkeiten aufwirft, weshalb auch entsprechende Vorschläge aus den Rechtswissenschaften bislang zu keiner allseits zufriedenstellenden Lösung geführt haben. Unlösbar erscheint die Aufgabe allerdings nicht, zumal auch das Bundesverfassungsgericht diesen Weg eingeschlagen hat. Vulnerabilitätstrends gar nicht in die juristische Prüfung einzubeziehen, erscheint mir jedenfalls keine gute Lösung. Die Gewährleistung individueller Freiheit steht im Zentrum eines freiheitlichen Rechtssystems. Eine immer weitere Zunahme an Hoheitsrechten, die den Bürgern Eigenverantwortung nehmen, stellen daher ein Risiko dar. Wie bedeutsam dieser Trend akut ist, lässt sich schwer beurteilen, wenn zum Beispiel lediglich die Rechtfertigung eines neuen Beleidigungsdelikts geprüft wird, ohne dabei die Perspektive auf umfassende Entwicklungen der Rechtsordnung zu richten. Denn auch diese neue Vorschrift kann ein weiterer Tropfen sein, der den Stein höhlt.

Wie gesagt: Das alles *kann* Ausdruck eines gesellschaftlichen Willens sein, und als Souverän ist die Bevölkerung dazu befähigt, eine solche Rechtsentwicklung einzuleiten (innerhalb der bestehenden Grenzen der Verfassung). Ob dieser Wille aber wirklich besteht, können wir nur beantworten, wenn wir uns den Trend, für den viele Gesetze der jüngeren Zeit Zeugnis ablegen, bewusst machen. Konkret müssen sich Gesellschaft und Gesetzgeber bei neuen Regelungen die Frage stellen, ob sie den eingeschlagenen Weg immer weiter verfolgen möchten – auf die Gefahr hin, dass individuelle Freiheiten mehr und mehr beschnitten werden. Welche staatlich abgesicherte «Sicherheitszone» wünscht sich die vulnerable Gesellschaft? Weil Vulnerabilitätsannahmen einer Steigerungslogik folgen, drängt sich aus juristischer Sicht die Frage auf, an welchem Punkt dem ein Ende zu setzen ist. Für die Vermessung von Eigenverantwortung in Abgrenzung zu staatlichen Eingriffsbefugnissen enthält die Verfassung zwar rote Linien. Diese sagen aber wenig über die von mir beschriebenen Nuancierungen aus. Prinzipiell räumt die Verfassung der Gesellschaft in der konkreten Ausgestaltung dieses Spannungsverhältnisses einen weiten Spielraum ein. Damit ist es an den Bürgern selbst, diese Grenzen immer wieder klar für sich zu definieren. Aus meiner Sicht ist dafür aber ein Bewusstwerden über die Zunahme immer weitergehender Vulnerabilitätszuschreibungen ebenso wichtig wie die Kenntnis über die ihnen innewohnende Steigerungslogik. Anstatt sich also immer weiter in der Spirale nach oben treiben zu lassen, bedarf es einer kritischen Reflektion: Wie viel Vulnerabilität ist für *diese* Gesellschaft tatsächlich erwünscht – und wo muss individuelle Freiheit verteidigt werden gegen staatliche Hoheitsmacht, die zum Schutz von Verletzlichkeit auf den Plan tritt? Hinter alledem steht die Frage, wie die Menschen in Gesellschaft miteinander leben wollen. Eben dieser Aushandlungsprozess sollte aus meiner Sicht geführt werden. Die Erkenntnis, dass das Recht bereits heute mehr und mehr einer Landkarte der Vulnerabilität gleicht, kann dabei hilfreich sein.

Mit diesem Buch ist also das Plädoyer für einen unverstellten Diskurs verbunden, der gerade auch die jüngeren Entwicklungen einbezieht. Letztere lassen sich auf verstärkte Vulnerabilitätszuschreibungen zurückführen, die negative Folgen für die individuelle Freiheit haben. Ob diese Freiheitsverluste und der damit verbundene Trend tatsächlich gewünscht sind, sollte gesellschaftlich offen ausgehandelt werden. Einzubeziehen sind dabei alle Menschen, die sich mit ihren Äußerungen im Rahmen der geltenden

Gesetze bewegen. Diskursvulnerabilität sollte dabei keine Rolle spielen: Gesellschaftliche Debatten dürfen wehtun, manchmal müssen sie es vielleicht sogar. Der demokratische Diskurs ist keine grenzenlose Wohlfühlzone; die beste Lösung wird in der offenen Arena der widerstreitenden Ideen gefunden. Dabei muss selbstredend sichergestellt werden, dass alle zu Wort kommen können. Minderheitenschutz spielt also gerade in der Austragung gesellschaftlicher Debatten eine wichtige Rolle. Dies wird allerdings durch die geltenden Gesetze gewährleistet, weshalb es keine darüberhinausgehenden Sprechverbote geben sollte, soweit diese als Gesetze nicht ihrerseits Ergebnis eines demokratischen Verfahrens sind.

Insofern ist dieser Text zugleich als Ermutigung zu lesen, an der demokratischen Idee und ihren Verfahren selbst dann festzuhalten, wenn die Herausforderungen, die sich der Gesellschaft stellen, vermeintlich übermächtig sind. Ich wende mich also gegen jene Stimmen, die angesichts von Pandemien und Klimawandel allzu schnell technokratischen Versuchungen nachgeben. Sei es der «Gesellschaftsrat» der «Letzten Generation» oder die Herrschaft einer Künstlichen Intelligenz[12] – all dies ist weder eine echte Alternative zur Demokratie noch eine gute Lösung für die anstehenden Probleme. Anders sieht dies etwa der Soziologe Philipp Staab, der es für eine «fast zwingend wirkende Entwicklung» hält, dass Gesellschaften «im Zeichen von Klimawandel, radikalisierten Ungleichheiten und subjektiven Überlastungen» Fragen der Selbsterhaltung auf Dauer in den Fokus ihrer kollektiven Bemühungen rücken. Unter dieser Voraussetzung hält Staab eine «protektive Technokratie» für den «Fluchtpunkt des Gesellschaftsvertrags» und beurteilt sie auch als nachhaltig zustimmungsfähig.[13] Sprich: Weil die Menschen erkannt hätten, dass es Auge in Auge mit globalen Katastrophen Wichtigeres gebe als die eigene Freiheit, würden sie sich selbst nach Technokratien sehnen. Umso länger diese Ängste um das eigene (Über-)Leben andauerten, desto mehr würde sich eine solche Gesellschaftsform auch stabilisieren und durch allgemeine Anerkennung rechtfertigen. Diese Einschätzung stützt Staab auf eine Studie, die er während der Pandemie mit Personen durchgeführt hat, die in dieser Zeit in sogenannten «systemrelevanten Berufen» tätig waren. In dieser Kohorte ließen sich Aussagen finden, die den Schluss auf eine technokratische Sehnsucht durchaus zulassen. Aber welche Aussagekraft kommt diesem Befund für ganz andere Fragen wie den gesellschaftlichen Umgang mit dem Klimawandel zu? Lassen sich von den Äußerungen von Menschen, die in einer gesellschaftlichen Ausnahmesituation am psychischen wie körperlichen Limit arbeiten, ernstlich Rückschlüsse darauf ziehen, wie die Gesellschaft *im Übrigen* miteinander leben soll? Die empirische Basis erscheint hierfür zumindest sehr dünn, zumal sich die Studie explizit auf die Pandemie und nicht auf den Klimawandel bezog. Außerdem fragt sich, ob die zeitgleich dazu auftretenden Coronaproteste auf den Straßen Deutschlands nicht eine ganz andere Sprache artikulieren und möglicherweise in eine umfassende Gesellschaftsanalyse einzubeziehen wären.

Ganz unabhängig davon, ob eine relevante Mehrheit der Demokratie angesichts überlebenswichtiger Herausforderungen abgeschworen hat, sprechen prinzipielle Einwände dagegen, technokratischen Gesellschaftsmodellen den Vorzug zu geben. Wer nämlich meint, der einzige Zweck und Grund für die Gründung und Aufrechterhaltung von Gesellschaft sei der Lebensschutz, greift deutlich zu kurz. Staab konstatiert, angesichts des Klimawandels und der Pandemien gehe es künftig vornehmlich (möglicherweise allein) um Fragen der «Selbsterhaltung», womit er den Schutz des Lebens und Überlebens meint. Auf den Lebensschutz fokussieren auch jene Autoren, die eine Künstliche Intelligenz anhand naturwissenschaftlicher Parameter und Daten entscheiden lassen wollen, was für die Menschheit der Zukunft richtig und falsch ist. Die dem zugrundeliegende Annahme, dass der Lebensschutz jedes andere menschliche Interesse überwiege und eine vorrangige Gewährleistung anderer Belange erst gar nicht in Betracht käme, ist allerdings in erster Linie *eines:* unrichtig. Aus eben jenem Grund trägt auch die von Staab bemühte Differenzierung von Selbsterhaltung und Selbstentfaltung weniger weit, als angenommen werden könnte. Das eine lässt sich vom anderen nicht trennen. Selbstentfaltung *ist* Selbsterhaltung. Diese Bewertung hat Eingang in das deutsche Grundgesetz gefunden, wonach der Lebensschutz verfassungsrechtlich gerade nicht uneingeschränkt gewährleistet wird. Alles andere liefe auf einen totalitären Präventionsstaat hinaus.

Aus diesem Grund liegt der Annahme, die Geschicke der Menschheit könnten einer naturwissenschaftlich hochgetunten Superintelligenz überantwortet werden, ein folgenreiches Missverständnis zugrunde. In einer solchen Utopie wird übersehen, dass zu richtigem politischen Entscheiden mehr gehört als die Umsetzung des jeweiligen Stands der naturwissenschaftlichen Erkenntnisse. Wer dies anders sieht, unterliegt einem klassischen naturalistischen Fehlschluss. Gemeint ist damit der Irrtum, es lasse sich von der Beobachtung der Wirklichkeit darauf schließen, wie menschliches Miteinander organisiert werden soll. Von einem Sein kann aber nicht auf ein Sollen geschlossen werden. So wichtig das Sein für das Sollen ist, so sehr müssen beide Ebenen doch voneinander unterschieden werden. Die bloße Einsicht, dass die eine oder andere gesellschaftliche Maßnahme einen positiven Einfluss auf eine gesellschaftliche Herausforderung hat, lässt für sich genommen keinen Rückschluss darauf zu, ob dieser Weg auch beschritten werden sollte. Ein Beispiel: Auch wenn es zur Virusbekämpfung besonders effektiv wäre, würde kaum jemand auf den Gedanken kommen, sämtliche Bürgerinnen und Bürger

Deutschlands für zwei Jahre in Isolationsräume ohne jeden Kontakt zu anderen Menschen zu sperren – selbst wenn dies organisatorisch mittels ausgereifter technischer Systeme möglich wäre. Oder: Sollte eine Künstliche Intelligenz errechnen, dass es einen bahnbrechenden positiven Einfluss auf den Klimawandel hätte, wenn nur noch jede zehnte Frau ein einziges Kind zur Welt bringt, würde – hoffentlich – dennoch kaum jemand ernstlich darüber nachdenken, diesen Schritt regulatorisch zu gehen.

Und zuletzt: Demokratien sind nicht «zu behäbig», sodass ihre Verfahren auch nicht zugunsten schnellerer technokratischer Entscheidungsprozesse aufgegeben werden sollten. Die Coronapandemie hat verdeutlicht, dass gerade die demokratischen Staaten mit ihren teils anspruchsvollen Entscheidungsfindungsprozessen kein schlechteres Krisenmanagement an den Tag legten als Staaten, die aufgrund ihrer totalitären Strukturen zumindest in puncto Geschwindigkeit weit vorne lagen. Die Überbetonung der Schwächen freiheitlicher Demokratien mag in der gegenwärtigen Debatte auch darauf zurückzuführen sein, dass viele Menschen angesichts des Klimawandels den Eindruck haben, die Zeit laufe ihnen immer weiter davon, ohne dass *irgendetwas* passiert. Endzeitliche Sprache, die zunehmend den Katastrophenfall beschwört, dürfte dabei ihren Anteil haben. In dieser Situation müssen Schuldige gefunden werden. Die Suche ist allerdings fehlgeschlagen, wenn die Demokratie selbst als Sündenbock herhalten soll. Auch in Fragen des Klimawandels ist die Demokratie nicht Teil des Problems, sondern *Teil der Lösung*. Die die ganze Gesellschaft betreffenden Risiken können und müssen gemeinsam angegangen werden. Hierfür hält die freiheitliche Demokratie nach wie vor die besten Werkzeuge bereit.

Zu diesen Werkzeugen zählt in besonderer Weise ein Verständnis von Freiheit, das dem Staat bzw. dem Kollektiv die Rechtfertigungslast für Freiheitsbeschränkungen auferlegt und das wir hier unter dem Begriff der negativen Freiheit kennengelernt haben. Unter dem Eindruck der Pandemie ist auch dieses Konzept in die Kritik geraten, wird gar als «verdinglicht» und als Motor einer Entwicklung begriffen hin zu einer «Überhöhung der eigenen Autonomie, die ihre Gesellschaftsabhängigkeit leugnet».[14] Als Alternative wird die – nicht ganz neue – Idee einer «sozialen Freiheit» ins Spiel gebracht, die mehr Solidarität vom Einzelnen verlangt. Übersehen wird dabei freilich, dass die Idee der Solidarität in einem negativen Freiheitsverständnis durchaus ihren berechtigten Rang hat. Hans-Jürgen Papier betont, «dass der demokratische Staat nicht die Sache einiger Weniger ist, sondern alle etwas angeht, und dass jeder Bürger eine Verantwortung für Staat und Verfassung trägt.»[15] Das Individuum ist im Rahmen der freiheitlichen Verfassung gemeinschaftsgebunden und gemeinschaftsbezogen: «Freiheit, demokratische Teilhabe, Verantwortlichkeit und Solidarität gehören mithin zusammen.» Sie müssen aber ihrerseits «stets in eine Balance und in ein ausgewogenes Verhältnis gebracht werden». Dies vollzieht sich in einer rechtsstaatlichen Demokratie durch Gesetze. Daraus folgt:

> In einer pluralistischen Gesellschaft wie der heutigen gibt es nicht das ‹Gemeinwohl a priori›. Das Wohl eines Gemeinwesens ist vielmehr das Ergebnis von Wertentscheidungen und konstitutiven Bestimmungen, die in einem demokratischen Verfassungsstaat weder dem Einzelnen noch einer apokryphen Autorität überantwortet ist, sondern vorrangig entweder von der Verfassung selbst oder von den zur Normsetzung berufenen Organen vorzunehmen sind.

Hierdurch unterscheiden sich pluralistisch-freiheitliche Systeme von totalitären. Hoheitliche Akte, die rechtliche Solidarität einfordern, müssen sich daher an den allgemeinen verfassungsrechtlichen Grundsätzen bemessen lassen, zu denen insbesondere die Verhältnismäßigkeit gehört. Das bedeutet: Rechtliche Solidarität ist das Ergebnis einer Abwägung widerstreitender Interessen. Übertragen auf die Coronapandemie könnte man daher sagen, dass die Befolgung von Maßnahmen Akte der Solidarität darstellt. Das mag dem einen oder anderen begrifflich schief vorkommen. Diese Irritation gründet sich aber wohl darauf, dass Solidarität im allgemeinen Sprachgebrauch häufiger mit Handlungen in Verbindung gebracht wird, die Personen einander nicht *rechtlich* schulden, sondern die sie *ohne rechtlichen Zwang* vornehmen. Ethische und rechtliche Solidarität sind aber voneinander zu trennen. Den Begriff der «Solidarität» im Recht anders zu verstehen als das Ergebnis einer Abwägung widerstreitender Interessen, führt ins Uferlose. Die Bindung an den Grundsatz der Verhältnismäßigkeit schafft demgegenüber einen Schutz vor einem Kollektiv, das *ohne klare verfassungsrechtliche Regeln* willkürlich festlegen kann, was «solidarisch» ist und was nicht. Vor diesem Hintergrund sind Vorschläge mit großer Zurückhaltung zu behandeln, wonach über das verfassungsrechtlich vorgesehene Maß hinaus «Solidarität» von Einzelnen im Sinne eines sozialen Freiheitsbegriffs eingefordert werden soll. Im eigentlichen Wortsinn droht ins «Autoritäre» zu kippen, wer Menschen eine Zwangs-Solidarität mit beliebig von einem Kollektiv bestimmbaren Inhalt verordnet. Selbst angesichts größter gesellschaftlicher Herausforderungen ist autoritären Versuchungen zu widerstehen. Bestmögliche Lösungen garantiert auch hier das demokratische System eines freiheitlichen Rechtsstaats.

Schluss

Die Gesellschaft begreift sich seit einiger Zeit als immer vulnerabler. Sensibilität für die Verletzlichkeit des anderen spielt eine große und größer werdende Rolle in Debatten über eine Stärkung der Rechte sozial marginalisierter Menschen, schwangerer Frauen oder angesichts kollektiver Großrisiken wie Pandemien, Klimaveränderungen oder neuer Technologien. Vulnerabilitätsannahmen führen zu bedeutsamen Werteverschiebungen, die in Gesetzesform gegossen werden. Davon zeugen zahlreiche Beispiele der jüngeren Rechtsentwicklung. Die Entwicklung hat spürbare Konsequenzen auf das Maß an Freiheit, das die Gesellschaft dem Individuum einräumt. Wo staatliche Hoheitsbefugnisse zum Schutz der Vulnerablen wachsen, schrumpft Eigenverantwortung und damit Freiheit – und zwar aller Gesellschaftsmitglieder und damit auch der «Vulnerablen». Ob dies gewünscht ist, kann allein die Gesellschaft selbst entscheiden. Um diese Entscheidung zu treffen, erscheint es mir allerdings wichtig, überhaupt darauf hinzuweisen, dass eine solche ansteht. Und dies setzt in allererster Linie die Kenntnis der von mir dargelegten Zusammenhänge und Entwicklungen voraus.

In Bezug auf Fragen sozialer Gerechtigkeit und angesichts globaler Großrisiken, wie sie der Klimawandel mit sich bringt, ist es von hoher Bedeutung, *offen* miteinander zu diskutieren. Aus diesem Grund war auf die Risiken hinzuweisen, die sich angesichts wachsender Vulnerabilitätsannahmen für das demokratische Verfahren ergeben. Dies betrifft zunächst das Phänomen der Diskursvulnerabilität. Viel wird geschrieben über eine sogenannte «Cancel Culture», die nach Auffassung mancher exzessiv um sich greift, während andere das Thema insgesamt als völlig aufgebauscht und realitätsfern begreifen. Dabei ist eine irgendwie geartete «Cancel Culture» ohnehin allenfalls ein Symptom für das zugrundeliegende Problem in Gestalt einer um sich greifenden Diskursvulnerabilität. Dass besondere Sensibilität im Gespräch zunimmt, steht selbst für die Kritiker einer «Cancel Culture» außer Frage. Verletzungen drohen dabei durch Themen und Argumente bzw. die Beteiligung von Personen mit bestimmten Auffassungen.

Diese spezifische Sensibilität stellt ein ernstzunehmendes Problem für eine freiheitliche Demokratie dar. Diskursvulnerabilität beeinträchtigt die Grundkompetenz des Bürgers zur Teilhabe am öffentlichen Aushandlungsprozess als Herzstück der Demokratie. Freilich ist es in den Grenzen der Verfassung nicht ausgeschlossen, neue Sprechregeln zum Schutz vor Verletzungen durch Kommunikation zu erlassen. Gleichwohl besteht insoweit Anlass zu besonderer Vorsicht – zum Schutz des freien Diskurses vor allzu weitgehenden Begrenzungen, die die Qualität seiner Ergebnisse erheblich negativ beeinflussen können. Symptome von Diskursvulnerabilität, die unter dem Stichwort «Cancel Culture» diskutiert werden, sind damit nicht das eigentliche Problem. Will man an der Wurzel ansetzen, ist das Phänomen der Diskursvulnerabilität selbst in den Blick zu rücken. Demokratie war und ist mitunter eine Zumutung. Dies betrifft gerade auch die für sie zentralen gesellschaftlichen Aushandlungsprozesse. Wachsende Diskursvulnerabilität und erst recht deren gesetzliche Umsetzung laufen Gefahr, die Demokratie empfindlich zu treffen.

Vergleichbare Risiken gehen mit dem Bestreben einher, angesichts hoher gesellschaftlicher Vulnerabilität etwa infolge des Klimawandels oder neuer Technologien ganz von individualistischen Freiheitskonzepten bzw. demokratischen Verfahren Abstand zu nehmen. Wie wir gesehen haben, prägen auch derartige Vorschläge die Debatte um eine angemessene gesellschaftliche

Antwort auf gewachsene Vulnerabilitäten. Daraus lässt sich ableiten, dass steigende Vulnerabilitätsannahmen nicht bloß systemintern zu Verschiebungen führen, die für das Miteinander und insbesondere die Gewährleistung individueller Freiheit von Bedeutung sind. Darüber hinaus scheinen mit ihnen Verlockungen einherzugehen, die Systemfrage selbst zu stellen. Letzteres möchte ich mit Nachdruck zurückweisen. Nicht *trotz*, sondern *aufgrund* demokratischer Verfahren lassen sich Lösungen selbst für Herausforderungen globaler und generationenübergreifender Natur finden. Unsicherheiten infolge um sich greifender Vulnerabilitätszuschreibungen sollten nicht dazu verleiten, den festen Stand zu verlieren. Dessen Fundament ist aber eine freiheitliche Demokratie mit ihrem offenen Diskurs – einem Diskurs, der nicht zuletzt darüber zu führen ist, wie viel Vulnerabilität die Bürger einander gegenwärtig und künftig zugestehen wollen.

Danksagung

Mein Dank gilt allen Freunden und Kollegen, mit denen ich Gespräche über die vulnerable Gesellschaft führen durfte. Dies gilt vor allem für Georg Freund und Erik Weiss. Annika Bünzel, Judith Freese und Farina Kümmel danke ich für ihre Unterstützung bei der Endredaktion. Besonderer Dank gebührt meinem Lektor Dirk Setton für sein Interesse an meinem Buch und unseren intensiven fachlichen Austausch darüber. Tony danke ich neben allem anderen für sein Vertrauen. Das Buch ist ihm, Ludwig und Ida gewidmet.

Anmerkungen

Einleitung

1 Stellungnahme «Vulnerabilität und Resilienz in der Krise – Ethische Kriterien für Entscheidungen in einer Pandemie», 2022, S. 164, https://www.ethikrat.org/fileadmin/Publikationen/Stellungnahmen/deutsch/stellungnahme-vulnerabilitaet-und-resilienz-in-der-krise.pdf (zuletzt abgerufen am 12.10.2023). Die Autorin war an der Stellungnahme als Mitglied des Deutschen Ethikrats beteiligt.

2 https://www.ka-news.de/region/karlsruhe/safer-sex-auf-karlsruhes-strassenstrich-so-will-die-fraktion-karlsruher-liste-die-lage-der-sexarbeiterinnen-verbessern-art-2849973 (zuletzt abgerufen am 12.10.2023).

3 https://www.linksfraktion.de/themen/nachrichten/detail/handlungsempfehlungen-der-istanbul-konvention-umsetzen-jetzt/ (zuletzt abgerufen am 12.10.2023).

4 https://www.welt.de/politik/deutschland/article241630903/Baerbock-und-Faeser-einig-ueber-Aufnahmeprogramm-fuer-Menschen-aus-Afghanistan.html (zuletzt abgerufen am 12.10.2023).

5 https://www.welt.de/politik/deutschland/plus241033027/Terre-des-Femmes-Der-harte-Transgender-Kampf-unter-den-Frauenrechtlerinnen.html (zuletzt abgerufen am 12.10.2023).

6 https://www.spiegel.de/ausland/welthunger-index-2022-der-krieg-in-der-ukraine-verwandelt-eine-krise-in-eine-katastrophe-a-df5db18d-8d63-41be-8a61-3d07605a13f1 (zuletzt abgerufen am 12.10.2023).

7 https://www.welt.de/kmpkt/article234938782/Dating-Das-Phaenomen-Breadcrumbing-laesst-dich-leicht-zum-Taeter-werden.html (zuletzt abgerufen am 12.10.2023).

8 *Kroschwald,* ZfDR 2023, 1 ff.

9 https://www.reservistenverband.de/magazin-die-reserve/newsblog-39-2022/ (zuletzt abgerufen am 12.10.2023).

Kennzeichen einer vulnerablen Gesellschaft

1 *Flaßpöhler,* Sensibel. Über moderne Empfindlichkeit und die Grenzen des Zumutbaren, 3. Aufl. 2021, S. 196.

2 Stellungnahme «Vulnerabilität und Resilienz in der Krise – Ethische Kriterien für Entscheidungen in einer Pandemie». Die Autorin war an der Stellungnahme als Mitglied des Deutschen Ethikrates beteiligt.

3 BVerfG Beschluss vom 21.7.2022–1 BvR 469/20, 1 BvR 470/20, 1 BvR 471/20, 1 BvR 472/20: Impfnachweis (Masern).

4 *Reckwitz,* in: Die Corona-Gesellschaft, hrsg. v. Volkmer/Werner, 2020, S. 241, 249.
5 *Rixen,* VVDStRL 80 (2021), 37, 38 ff.
6 *Stöhr et al.,* Schlüsselwerke der Vulnerabilitätsforschung, 2019, Einleitung, S. 4.
7 S. zu den nachfolgenden Referenzen *Kruse,* Lebensphase hohes Alter, 2017, S. 170 ff., 176, 174 ff., 168, 193.
8 Die nachfolgenden nicht weiter gekennzeichneten Zitate finden sich allesamt in *Lévinas,* Jenseits des Seins oder anders als Sein geschieht, 3. Aufl. 2011. Auch *Butler,* Gefährdetes Leben, 6. Aufl. 2020, S. 48 spricht von einer «allgemeinen menschlichen Verletzbarkeit [...], die mit dem Leben selbst entsteht». S. zu einem Verletzlichkeitsverständnis, das sich wesentlich aus der Körperlichkeit ableitet, *von Thadden,* Die berührungslose Gesellschaft, 2018, insbesondere Kapitel 2.
9 Zum Aspekt des Ausgesetztseins s. auch *Butler,* Kritik der ethischen Gewalt, 5. Aufl. 2018, S. 47.
10 Alle nachfolgenden Zitate finden sich bei *Lévinas,* Zwischen uns. Versuche über das Denken an den Anderen, 1995.
11 *Reckwitz,* in: Die Corona-Gesellschaft, S. 241, 248.
12 *Flaßpöhler,* Sensibel, S. 212.
13 Zu den Referenzen s. *Haslam,* Psychological Inquiry 27 (2016), 1, 11.
14 Zu den Zitaten s. *Han,* Palliativgesellschaft. Schmerz heute, 2020.
15 Zu den Zitaten s. *Nietzsche,* Gesammelte Werke, 2012, S. 370.
16 *Han,* Palliativgesellschaft. Schmerz heute, geht davon aus, dass Schmerzvermeidung im Interesse persönlicher Leistungssteigerung innerhalb einer Leistungsgesellschaft erfolgt. In seiner Analyse werden Schmerzen zur «Privatangelegenheit», für die der Einzelne und nicht die Gesellschaft verantwortlich ist. Ein Widerspruch zur Analyse einer vulnerablen Gesellschaft, wie sie hier vorgenommen wird, liegt hierin allerdings nicht. *Han* fokussiert nämlich lediglich auf *eine* Seite der Medaille, wodurch allerdings in seiner Betrachtung staatliche Maßnahmen der Leistungsoptimierung aus dem Blick geraten. Zu diesen Maßnahmen zählen gerade auch Ge- und Verbote, denn: Indem der Staat potenzielle Konflikte unter den Bürgern durch rechtliche Regulierung reduziert, werden die Individuen in die Lage versetzt, sich auf die eigene Leistungssteigerung zu konzentrieren. Reibungsverluste infolge von Schmerz, der durch Konflikte mit anderen hervorgerufen wird, werden verringert, sodass private und staatliche Resilienzmaßnahmen Hand in Hand gehen.
17 *Reckwitz,* in: Die Corona-Gesellschaft, S. 241, 249.
18 *Barczak,* Der nervöse Staat, 2. Aufl. 2021, S. 608, 612.
19 *Barczak,* ebd., S. 609.
20 *Rixen,* VVDStRL 80 (2021), 37, 49.
21 *Campbell/Manning,* The Rise of Victimhood Culture. Microaggressions,

Safe Spaces, and the New Culture Wars, 2018, S. 4 legen (kritisch) dar, dass beispielsweise ein Kompliment im Hinblick auf die Schuhe des weiblichen Gegenübers als Mikroaggression bewertet werden kann. S. zu Mikroaggressionen das dritte Kapitel.

22 Zu derselben Einschätzung gelangt *Flaßpöhler,* Sensibel, S. 196, 212.

23 *Luhmann,* in: Risiko und Gefahr, hrsg. v. Bechmann, 2. Aufl. 1997, S. 327, 359.

24 S. zu den Zitaten *Beck,* Risikogesellschaft. Auf dem Weg in eine andere Moderne, 24. Aufl. 2020, S. 36, 45, 76, 39, 38, 74, 76, 77.

25 *Nida-Rümelin,* in: Infektionen und Gesellschaft, hrsg. v. Lohse, 2021, S. 5, 5.

26 S. *Nida-Rümelin/Weidenfeld,* Die Realität des Risikos, 2021, S. 22 f., 25.

27 *Gethmann,* in: Handeln unter Risiko im Umweltstaat, hrsg. v. Gethmann/Kloepfer, 1993, S. 1, 12.

28 *Nida-Rümelin/Weidenfeld,* Realität des Risikos, S. 21.

29 *Flaßpöhler,* Sensibel, S. 202.

30 *Bolz,* Die Avantgarde der Angst, 3. Aufl. 2020, S. 66. Für diese Einschätzung sprechen auch Erkenntnisse aus der empirischen Risikoforschung. Nach der Theorie der Risikohomöostasie von *Wilde,* Risk Analysis Vol. 2, No. 4, 1982, S. 209 ff., weisen Menschen eine relativ konstante Risikoakzeptanz auf. Dies führt dazu, dass im Fall der objektiven Verringerung eines Risikos entweder die damit einhergehende Chance abgewertet oder das Restrisiko neu bewertet und dann auch amplifiziert wird. Für die Annahme der von mir beschriebenen Steigerungslogik spricht außerdem, dass empirische Umfragen schon vor der Pandemie und dem Krieg in der Ukraine die verbreitete Überzeugung dokumentieren, dass gesellschaftliche Risiken zugenommen hätten (s. nur *Renn,* Das Risikoparadox, 3. Aufl. 2014, der angesichts dieser Studienergebnisse auf S. 26 rhetorisch fragt: «Wenn also unser Leben immer gefährlicher, unsicherer und risikoreicher geworden wäre, wie kann es dann sein, dass wir immer älter werden und dass immer weniger Menschen vor Ende ihrer biologischen Lebensspanne sterben?»). Der Gedanke lässt sich auf den Komplex der sozialen Gerechtigkeit übertragen: Während die Gleichstellung im nationale Recht zu keinem früheren Zeitpunkt so ausgeprägt war wie heute, nimmt der Diskurs über Gerechtigkeitsfragen immer mehr zu. S. allgemein zur Zunahme von Ängstlichkeit in verschiedenen US-amerikanischen Studien *Gigerenzer,* Risiko, 2. Aufl. 2013, S. 110 ff.

31 *Reckwitz,* in: Die Corona-Gesellschaft, S. 241, 249.

32 In Bezug auf die Gegenwartsgesellschaft stellt *Bolz,* Die Avantgarde der Angst, insbesondere S. 45 eine ähnliche These auf.

Der Staat der vulnerablen Gesellschaft

1 https://www.zeit.de/2023/05/sensitivity-reader-literatur-sensibilitaet (zuletzt abgerufen am 12.10.2023).

2 S. zum Ganzen *Alexy,* Theorie der Grundrechte, 9. Aufl. 2020, S. 195 ff.; *Zippelius,* Rechtsphilosophie, 6. Aufl. 2011, S. 147 ff.
3 *Sacksofsky,* in: Freiheit oder Leben?, hrsg. v. Günther/Volkmann, 2022, S. 180, 181 hält daher ein Konzept der «relationalen Freiheit» gegenüber dem negativen Freiheitsbegriff für vorzugswürdig. Indes lassen sich die Vorzüge des relationalen Denkens von Freiheit durchaus in das liberale Freiheitsmodell integrieren. Verdienstvoll ist es gleichwohl, auf diese Notwendigkeit hinzuweisen.
4 *Kant,* Grundlegung zur Metaphysik der Sitten, in: ders., Werkausgabe in 12 Bänden, Band VII: Kritik der praktischen Vernunft. Grundlegung zur Metaphysik der Sitten, hrsg. v. Weischedel, 21. Aufl. 2014, S. 74.
5 S. zu den Referenzen *Hobbes,* Leviathan, 1996, S. 107 f., 177.
6 *Bartuschat,* in: Thomas Hobbes, Anthropologie und Staatsphilosophie, hrsg. v. Höffe, 1981, S. 19 ff.
7 *Höffe,* in: Furcht und Freiheit: LEVIATHAN – Diskussion 300 Jahre nach Thomas Hobbes, hrsg. v. Bermbach u. a., 1982, S. 30, 54.
8 *Kant,* Über den Gemeinspruch: Das mag in der Theorie richtig sein, taugt aber nicht für die Praxis, in: Werkausgabe Band XI, hrsg. v. Weischedel, 17. Aufl. 2014, S. 153.
9 *Sacksofsky,* in: Freiheit oder Leben?, S. 180 ff. zum Konzept der relationalen Freiheit.
10 *Kant,* Metaphysik der Sitten, Rechtslehre, in: Werkausgabe Band VIII, hrsg. v. Weischedel, 17. Aufl. 2014, S. 430 (§ 44).
11 *Kant,* Metaphysik der Sitten, Einteilung der Rechtslehre, ebd., S. 345.
12 S. allgemein zum Verhältnismäßigkeitsgrundsatz Dürig/Herzog/Scholz/*Grzeszick,* Grundgesetz-Kommentar, 99. Ergänzungslieferung September 2022, Art. 20 Rn. 109.
13 *Augsberg,* in: Freiheit oder Leben?, hrsg. v. Günther/Volkmann, 2022, S. 82, 86 mit zutreffender Kritik am Beitrag von *Habermas* in demselben Band, S. 20 ff.
14 *Zippelius,* Rechtsphilosophie, S. 131.
15 *Möllers,* Freiheitsgrade, 4. Aufl. 2021, S. 27.

Das Recht auf dem Weg in die vulnerable Gesellschaft

1 BVerfGE 54, 148, 154; 93, 266, 290; 99, 185, 193; 114, 339, 346.
2 Dürig/Herzog/Scholz/*Grabenwarter,* Grundgesetz-Kommentar, 99. Ergänzungslieferung September 2022, Art. 5 Abs. 1, Abs. 2 Rn. 197.
3 BGH NJW 1958, 228, 228.
4 Matt/Renzikowski/*Eschelbach,* Strafgesetzbuch, 1. Aufl. 2013, § 184 Rn. 73.
5 Koalitionsvertrag 20 212 025, S. 95 https://www.spd.de/fileadmin/Dokumente/Koalitionsvertrag/Koalitionsvertrag_2021-2025.pdf (zuletzt abgerufen am 14.10.2023).

6 Ehrschutzdelikte werden zu einem großen Teil lediglich auf Antrag der verletzten Person verfolgt. Ausnahmen davon formuliert § 194 StGB. Dennoch beschränken auch absolute Antragsdelikte wie § 192 a StGB die Freiheit *aller* Bürger. Jeder kann wegen dieser Strafvorschrift verurteilt werden. Zudem wird die Freiheit zur privaten Konfliktlösung beschnitten, da der Antragsberechtigte durch das (neue) Gesetz vor die Entscheidung gestellt wird, ob er den Antrag stellt oder nicht. Nicht zuletzt wirken sich neue Strafgesetze mitunter de facto auf die Freiheitsausübung aus, weil sie zu einer «Übersteuerung» des Einzelnen führen können – der nämlich eigentlich erlaubtes Verhalten in der Sorge unterlässt, dass auch dieses von dem jeweiligen Strafgesetz erfasst sein könnte.

7 Die gesamten Materialien zur Strafprozessordnung und dem Einführungsgesetz zu derselben vom 1. Februar 1877, hrsg. v. Hahn, 2. Aufl. 1885, S. 277.

8 Zur Privatklage s. §§ 374 ff. StPO.

9 *Kubiciel/Winter,* ZStW 113 (2001), 305, 314.

10 *Schmidt/Witting,* KriPoZ 2023, S. 190, 192.

11 In dieser Richtung *Beck/Nussbaum,* KriPoZ 2023, 218, 222.

12 Münchener Kommentar-StGB/*Renzikowski,* 4. Auflage 2021, Vor § 174 Rn. 7.

13 Ref-E des BMJV eines Gesetzes zur Änderung des Strafgesetzbuchs – Verbesserung des Schutzes der sexuellen Selbstbestimmung, S. 1, https://www.bmj.de/SharedDocs/Downloads/DE/Gesetzgebung/RefE/RefE_SchutzSexuelleSelbstbestimmung.pdf?__blob=publicationFile&v=3 (zuletzt abgerufen am 14.10.2023).

14 Ebd., S. 7.

15 S. zu den Zitaten *Hörnle,* Menschenrechtliche Verpflichtungen aus der Istanbul-Konvention: ein Gutachten zur Reform des § 177 StGB, S. 6, 8, https://www.institut-fuer-menschenrechte.de/fileadmin/_migrated/tx_commerce/Menschenrechtliche_Verpflichtungen_aus_der_Istanbul_Konvention_Ein_Gutachten_zur_Reform_des_Paragraf_177_StGB.pdf (zuletzt abgerufen am 14.10.2023).

16 BT-Drs. 18/9097, S. 30.

17 S. nur *Fischer,* Zum letzten Mal: Nein heißt Nein, Zeit Online v. 28. Juni 2018, https://www.zeit.de/gesellschaft/zeitgeschehen/2016-06/rechtspolitik-sexualstrafrecht-nein-heisst-nein-fischer-im-recht (zuletzt abgerufen am 14.10.2023).

18 Ebd.

19 Vgl. https://www.lto.de/recht/hintergruende/h/sexualstrafrecht-reform-elisa-hoven-thmoas-fischer/3/ (zuletzt abgerufen am 14.10.2023).

20 *Kubiciel,* VerfBlog 2014/10/29, https://verfassungsblog.de/welches-verhalten-darf-der-staat-kriminalisieren-eine-antwort-auf-tatjana-hoernle-und-thomas-fischer/ (zuletzt abgerufen am 14.10.2023).

21 https://www.lto.de/recht/hintergruende/h/sexualstrafrecht-reform-elisa-

hoven-thmoas-fischer/3/. So schon *Fischer,* Strafgesetzbuch, 69. Aufl. 2022, § 177 Rn. 4 sowie *Deckers,* StV 2017, 410, 411. In diese Richtung auch *Frommel,* ZRP 2016, 122, 123.

22 *Hörnle,* ZIS 2015, 206, 211 f.

23 *Kriminologisches Forschungsinstitut Niedersachsen e. V.,* Pressemitteilung v. 19.11.2021, https://kfn.de/wp-content/uploads/2021/11/PM%20Catcalling.pdf (zuletzt abgerufen am 14.10.2023).

24 DJB, Policy Paper «Catcalling», 2021, S. 1, https://www.djb.de/fileadmin/user_upload/presse/stellungnahmen/st21-09_policy_paper_catcalling.pdf (zuletzt abgerufen am 14.10.2023).

25 Ebd., S. 2.

26 *Kriminologisches Forschungsinstitut Niedersachsen e. V.,* Pressemitteilung v. 19.11.2021.

27 https://www.openpetition.de/petition/online/es-ist-2020-catcalling-sollte-strafbar-sein (zuletzt abgerufen am 14.10.2023).

28 https://www.rechtschreibrat.com/amtliches-regelwerk-der-deutschen-rechtschreibung-ergaenzungspassus-sonderzeichen/ (zuletzt abgerufen am 14.10.2023).

29 Handbuch der Rechtsförmlichkeit, Rn. 111, https://www.bmj.de/SharedDocs/Publikationen/DE/Fachpublikationen/Handbuch_der_Rechtsfoermlichkeit.html (zuletzt abgerufen am 14.10.2023).

30 Vgl. https://www.zeit.de/politik/deutschland/2021-10/christine-lambrecht-spd-gendern-geschlechtergerechte-sprache-ministerien-bundesbehoerden (zuletzt abgerufen am 14.10.2023).

31 BGH, Urt. v. 13.03.2018, Az. VI ZR 143/17.

32 OLG Frankfurt a. M. Urt. v. 21.6.2022–9 U 92/20.

33 https://gleichstellung.tu-dortmund.de/themen/geschlechtergerechte-sprache/ (zuletzt abgerufen am 14.10.2023).

34 https://gleichstellung.tu-dortmund.de/themen/geschlechtergerechte-sprache/wissenschaftlicher-diskurs/ (zuletzt abgerufen am 14.10.2023).

35 *Mangold,* VerfBlog, 2018/3/13, https://verfassungsblog.de/frauen-sind-mitgemeint/ (zuletzt abgerufen am 14.10.2023).

36 *Braun/Sczesny/Stahlberg,* Communications 30 (2005), 1, 6; *Pusch,* https://literaturkritik.de/id/18196 (zuletzt abgerufen am 14.10.2023).

37 *Allgayer,* NJW 2022, 452, 453.

38 *Butler,* Das Unbehagen der Geschlechter, 22. Aufl. 2021, S. 38 f., 45 f.; *Katz,* in: Race, Class, and Gender in the United States, hrsg. v. Rothenberg, 5. Aufl. 2001, S. 67, 76.

39 *Warner,* Social Text No. 29 (1991), 3 ff.

40 *Rich,* in: Macht und Sinnlichkeit. Ausgewählte Texte von Adrienne Rich und Audre Lorde, hrsg. v. Schultz, 1983, S. 138 ff.

41 *Ebeling,* in: Geschlechterforschung und Naturwissenschaften, hrsg. v. Ebeling/Schmitz, 2006, S. 281, 289.

42 *Katz,* in: Race, Class, and Gender in the United States, S. 67, 72.

43 *Katz,* ebd., S. 67, 73.
44 *Ebeling,* in: Geschlechterforschung und Naturwissenschaften, S. 281, 294 unter Bezugnahme auf *de Lauretis,* Technologies of Gender, 1987. S. auch *Butler,* Das Unbehagen der Geschlechter, S. 60.
45 *Campbell/Manning,* The Rise of Victimhood Culture, S. 4.
46 Ebd.
47 Zur Definition s. näher *Sue,* Microaggression in Everyday Life: Race, Gender, and Sexual Orientation, 2010, S. 5. S. zu Beispielen *Campbell/Manning,* The Rise of Victimhood Culture, S. 4.
48 *Hill,* The Sociological Review 68 (2020), 3 ff. S. auch *Campbell/Manning,* The Rise of Victimhood Culture, S. 79 ff.
49 *Campbell/Manning,* The Rise of Victimhood Culture, S. 23 (eigene Übersetzung).
50 Anderweitige Hinweise lassen sich nur spärlich finden, wie etwa hier: Erklärung zu Barrierefreiheit und Zugänglichkeit im Seminarkontext des Instituts für Theater-, Film- und Medienwissenschaft an der Goethe Universität Frankfurt: https://www.uni-frankfurt.de/90792325/Content-Page_90792325 (zuletzt abgerufen am 14.10.2023).
51 S. zu einem Überblick der Vorschläge (Stand 2022) *Rostalski,* Goltdammer's Archiv für Strafrecht 2022, 209 ff.
52 S. nur https://www.aerztezeitung.de/Politik/Beide-Antraege-zur-Suizidassistenz-fallen-im-Bundestag-durch-440953.html (zuletzt abgerufen am 14.10.2023), dass auch mit der jüngsten Ablehnung zweier Gesetzentwürfe im Deutschen Bundestag (2023) kein Ende der Debatte um eine Regulierung der Suizidassistenz in Sicht ist.
53 BVerfG, Urteil vom 26.2.2020–2 BvR 2347/15.
54 *Dabrock,* «Der Lebensschutz wiegt nichts. Die Waage neigt sich bis zum Anschlag in Richtung uneingeschränkter Autonomie.», https://www.sueddeutsche.de/politik/sterbehilfe-kirche-interview-1.4823893 (zuletzt abgerufen am 14.10.2023).
55 BVerfG NJW 2020, 905, 912.
56 S. für einen Überblick zur Studienlage https://fowid.de/meldung/akzeptanz-abtreibungen-1981-2021 (zuletzt abgerufen am 14.10.2023).
57 Koalitionsvertrag 2021–2025, S. 92.
58 *Fontana,* Möglichkeiten gesetzlicher Neuregelungen im Konfliktfeld «Gehsteigbelästigungen», 2021, https://www.gwi-boell.de/sites/default/files/2021-06/NEU_E-Paper%20%C2%ABGehsteigbela%CC%88stigungen%C2%BB%20Endf_1.pdf, S. 51 (zuletzt abgerufen am 14.10.2023).
59 VG München, Urt. v. 12.5.2016 – M 22 K 15.4369.
60 S. nur die Ad hoc-Empfehlung «Pandemie und psychische Gesundheit» des Deutschen Ethikrats, https://www.ethikrat.org/fileadmin/Publikationen/Ad-hoc-Empfehlungen/deutsch/ad-hoc-empfehlung-pandemie-und-psychische-gesundheit.pdf (zuletzt abgerufen am 14.10.2023). Die

Autorin war an der Stellungnahme als Mitglied des Deutschen Ethikrates beteiligt.

61 S. für eine umfassende Auswertung der Studienlage den Bericht des Sachverständigenausschusses nach § 5 Abs. 9 IfSG, S. 95, 103 ff., https://www.bundesgesundheitsministerium.de/fileadmin/Dateien/3_Downloads/S/Sachverstaendigenausschuss/220630_Evaluationsbericht_IFSG_NEU.pdf (zuletzt abgerufen am 14.10.2023).

62 Dass dies nicht zutrifft, hingegen eine Vielzahl an Pandemieschutzmaßnahmen rechtswidrig waren, haben mittlerweile mehrere Gerichte bestätigt, s. nur beispielhaft BVerwG Urt. v. 22.11.2022, Az. 3 CN 2.21.

63 Dies zeigte sich beispielsweise an den Reaktionen auf ein Interview mit dem früheren Bundestagspräsidenten *Wolfgang Schäuble* im Tagesspiegel, https://www.tagesspiegel.de/politik/schauble-will-dem-schutz-des-lebens-nicht-alles-unterordnen-7507174.html (zuletzt abgerufen am 14.10.2023).

64 S. nur *Nida-Rümelin/Weidenfeld,* Die Realität des Risikos, S. 137 ff.

65 https://www.deutschlandfunk.de/corona-massnahmen-philosoph-inzidenz-sollte-nicht-mehr-das-100.html (zuletzt abgerufen am 14.10.2023).

66 *Nida-Rümelin/Weidenfeld,* Die Realität des Risikos, S. 137 ff.

67 https://www.stern.de/gesundheit/drosten--so-toedlich-ist-das-coronavirus-im-vergleich-zur-grippe-9433426.html (zuletzt abgerufen am 14.10.2023).

68 Vgl. https://www.merkur.de/welt/coronavirus-grippe-studie-influenza-vergleich-usa-stanford-ergebnis-todesrate-gefahr-covid-19-zr-13745184.html (zuletzt abgerufen am 14.10.2023).

69 Vgl. zur Methode *Gethmann,* in: Handeln unter Risiko im Umweltstaat, S. 1, 36 ff.

70 S. nur https://www.welt.de/politik/deutschland/article239982201/Grippewelle-fuer-die-FDP-ein-Grund-fuer-Maskenpflicht-im-Winter.html (zuletzt abgerufen am 14.10.2023).

71 BVerfG Beschluss v. 21.7.2022 – 1 BvR 469/20, 1 BvR 470/20, 1 BvR 471/20, 1 BvR 472/20.

72 https://www.it.nrw/sites/default/files/itnrw_presse/350_21.pdf (zuletzt abgerufen am 14.10.2023).

73 Zu dieser Feststellung s. auch das Bundesverfassungsgericht im nämlichen Beschluss (BVerfG Beschluss vom 21.7.2022 – 1 BvR 469/20, 1 BvR 470/20, 1 BvR 471/20, 1 BvR 472/20, Rn. 87).

74 BVerfG Beschluss vom 21.7.2022 – 1 BvR 469/20, 1 BvR 470/20, 1 BvR 471/20, 1 BvR 472/20, Rn. 117 ff. S. zur Kritik aus dem verfassungsrechtlichen Schrifttum beispielsweise *Rixen,* https://verfassungsblog.de/abschied-von-der-verhaltnismasigkeit/ (zuletzt abgerufen am 14.10.2023): «So wird es leichter, gesetzgeberische Zumutungen als verfassungsgemäß ausweisen.»

75 Im Hinblick auf die Masernimpfung geht es dabei um die Verantwor-

tung der Erziehungsberechtigten, Risiken für ihre Kinder selbst zu bewerten und einzugehen.

Diskursvulnerabilität

1 S. die Studie «Die Zuversicht der Deutschen in multiplen Krisenzeiten», S. 19, 25, https://www.rheingold-marktforschung.de/gesellschaft/deutschland-auf-der-flucht-vor-der-wirklichkeit/ (zuletzt abgerufen am 14.10.2023). Nach dem Studienleiter Stephan Grünewald bleibt eine «konstruktive Gesprächskultur» zunehmend «auf der Strecke». – S. zu weiteren Einschätzungen nur *Kirchhof,* NJW 2023, 1922, 1926 f., sowie https://www.saarbruecker-zeitung.de/saarland/landespolitik/saarland-peter-mueller-kritisiert-debattenkultur-einig-mit-dieter-nuhr-v14_aid-92093855 (Verfassungsrichter Peter Müller; zuletzt abgerufen am 14.10.2023); *Nida-Rümelin,* «Cancel Culture». Ende der Aufklärung?, 2. Aufl. 2023, S. 82; *Precht/Welzer,* Die vierte Gewalt, 3. Aufl. 2022.

2 *Haslam,* Psychological Inquiry 27 (2016), 1 ff., 10 f. S. auch *Flaßpöhler,* Sensibel, S. 132.

3 *Herold et al.,* Studie «Polarisierung in Deutschland und Europa», S. 15, abrufbar unter https://www.stiftung-mercator.de/content/uploads/2023/07/TUD_MIDEM_Polarisationsstudie_DEU_RZ-1.pdf (zuletzt abgerufen am 14.10.2023).

4 *Herold et al.,* ebd., S. 16.

5 *Kirchhof,* NJW 2023, 1922, 1926.

6 *Herold et al.,* Studie «Polarisierung in Deutschland und Europa», S. 88 f.

7 S. Stellungnahme «Vulnerabilität und Resilienz in der Krise – Ethische Kriterien für Entscheidungen in einer Pandemie», S. 241 ff. Die Autorin war an der Stellungnahme als Mitglied des Deutschen Ethikrates beteiligt.

8 S. nur https://www.berliner-zeitung.de/gesundheit-oekologie/ich-hoffe-du-stirbst-wenn-wissenschaftler-zur-zielscheibe-fuer-hass-werden-li.188912 (zuletzt abgerufen am 14.10.2023); https://www.hessenschau.de/gesellschaft/corona-hetze-gegen-journalisten-er-will-mich-impfen-ich-will-ihn-schlagen,querdenker-attackieren-journalisten100.html (zuletzt abgerufen am 14.10.2023).

9 https://www.dstgb.de/themen/sicherheit/aktuelles/hass-und-gewalt-gegen-mandatstraeger-nimmt-erschreckend-zu/ (zuletzt abgerufen am 14.10.2023); https://www.dw.com/de/politische-gewalt-boomt-auch-wegen-corona/a-61739232 (zuletzt abgerufen am 14.10.2023).

10 *Precht/Welzer,* Die vierte Gewalt, S. 149.

11 *Precht/Welzer,* ebd., S. 150.

12 https://twitter.com/Karl_Lauterbach/status/1426323236019650564?ref_src=twsrc%5Etfw%7Ctwcamp%5Etweetembed%7Ctwterm%5E1426323236019650564%7Ctwgr%5Ec386cece2fe433b3917f246b6e646977ef81

b7f2%7Ctwcon%5Es1_&ref_url=https%3A%2F%2Fwww.merkur.de%2Fdeutschland%2Flauterbach-nebenwirkung-approbation-arzt-schaeden-politik-coronaimpfung-nebenwirkungsfrei-stoehr-91620934.html (zuletzt abgerufen am 14.10.2023).

13 Beispielsweise wurde der Fußballspieler Joshua Kimmich nach seinem öffentlichen «Bekenntnis», sich im Herbst 2021 aufgrund fehlender Langzeitstudien noch nicht impfen zu lassen, unter anderem im Deutschlandfunk als «Vorbild für Querdenker» bezeichnet, https://www.deutschlandfunk.de/ungeimpfter-bundesliga-profi-kimmich-steht-im-kulturkampf-100.html (zuletzt abgerufen am 14.10.2023).

14 Bericht des Sachverständigenausschusses nach § 5 Abs. 9 IfSG, S. 41 ff.

15 https://www.dw.com/de/post-vac-syndrom-die-vergessenen-impfgesch%C3%A4digten/a-65027513 (zuletzt abgerufen am 14.10.2023).

16 https://www.t-online.de/gesundheit/krankheiten-symptome/coronavirus/id_100061428/krank-nach-der-corona-impfung-wer-vom-post-vac-syndrom-besonders-betroffen-ist.html (zuletzt abgerufen am 14.10.2023).

17 https://www.tagesschau.de/faktenfinder/corona-impfnebenwirkungen-101.html (zuletzt abgerufen am 14.10.2023).

18 S. zu den Referenzen *Amlinger/Nachtwey,* Gekränkte Freiheit, 2022, S. 178, 15, 264 f., 266 f., 323, 183, 295.

19 https://www.ifd-allensbach.de/fileadmin/kurzberichte_dokumentationen/FAZ_Juni2021_Meinungsfreiheit.pdf (zuletzt abgerufen am 14.10.2023).

20 Vgl. https://www.faz.net/aktuell/politik/inland/freiheitsgefuehl-der-deutschen-leichtes-hoch-nach-talfahrt-18564165.html (zuletzt abgerufen am 14.10.2023).

21 Bericht des Sachverständigenausschusses nach § 5 Abs. 9 IfSG, S. 91.

22 S. zu den Zitaten *Staab,* Anpassung. Leitmotiv der nächsten Gesellschaft, 2022, S. 143 ff.

23 https://www.berliner-zeitung.de/news/neuruppin-demonstranten-beschimpfen-olaf-scholz-als-volksverraeter-li.257658 (zuletzt abgerufen am 14.10.2023).

24 https://www.emma.de/artikel/offener-brief-bundeskanzler-scholz-339463 (zuletzt abgerufen am 14.10.2023).

25 *Precht/Welzer,* Die vierte Gewalt, S. 34.

26 Vgl. zu den Reaktionen nur *Precht/Welzer,* Die vierte Gewalt, S. 36.

27 S. nur https://twitter.com/Karl_Lauterbach/status/1629496033053908992?cxt=HHwWgICxocaAkZotAAAA (Sahra Wagenknecht als «Putinversteherin»; zuletzt abgerufen am 14.10.2023) sowie die weiteren Beispiele bei *Precht/Welzer,* Die vierte Gewalt, S. 36 zu Äußerungen von Bundeswirtschaftsminister Robert Habeck, Bundesaußenministerin Annalena Baerbock und dem baden-württembergischen Ministerpräsidenten Winfried Kretschmann.

28 https://www.cicero.de/aussenpolitik/jurgenhabermas-ukraine-alice-schwarzer-sahrawagenknecht (zuletzt abgerufen am 14.10.2023).
29 https://www.tagesspiegel.de/gesellschaft/schwarzer-westernhagen-liefers-beruhmt-aber-ahnungslos-9433169.html (zuletzt abgerufen am 14.10.2023).
30 https://www.faz.net/aktuell/feuilleton/medien/sahra-wagenknecht-wird-bei-hart-aber-fair-gnadenlos-dekonstruiert-18711211.html (zuletzt abgerufen am 14.10.2023).
31 https://www.focus.de/politik/deutschland/schwarzer-kanal/die-focus-kolumne-von-jan-fleischhauer-ich-habe-alice-schwarzer-bewundert-doch-jetzt-sehe-ich-bei-jedem-toten-soldaten-ihr-lachen_id_186708225.html (zuletzt abgerufen am 14.10.2023).
32 https://www.welt.de/debatte/kommentare/plus243639997/Alice-Schwarzers-Thesen-zum-Ukraine-Krieg-Eine-Logik-die-sie-sonst-bekaempft.html (zuletzt abgerufen am 14.10.2023).
33 S. für ein Beispiel die Äußerungen des früheren Linke-Bundestagsabgeordnete Dieter Dehm bei einer Querdenker-Demonstration anlässlich der Münchener Sicherheitskonferenz 2023: https://www.sueddeutsche.de/muenchen/siko-demo-muenchen-stachus-koenigsplatz-sicherheitskonferenz-1.5753990 (zuletzt abgerufen am 14.10.2023).
34 https://www.bundesregierung.de/breg-de/suche/regierungserklaerung-von-bundeskanzler-olaf-scholz-am-27-februar-2022-2008356 (zuletzt abgerufen am 14.10.2023).
35 https://www.presseportal.de/pm/154530/5212220 (zuletzt abgerufen am 14.10.2023).
36 https://www.tagesschau.de/inland/deutschlandtrend/deutschlandtrend-3255.html (zuletzt abgerufen am 14.10.2023).
37 Zur Strafbarkeit der sogenannten «Klimakleber» s. nur AG München, Urteil vom 31.01.2023; AG Freiburg (Breisgau), Urt. v. 22.11.2022 – 28 Cs 450 Js 23773/22.
38 https://www.zeit.de/gesellschaft/zeitgeschehen/2022-12/letzte-generation-stoerungen-klima-berlin?utm_referrer=https%3A%2F%2Fwww.google.com%2F (zuletzt abgerufen am 14.10.2023).
39 *Kingreen,* NJW 2021, 2766 ff.; *Klafki,* NVwZ 2020, 1718 ff.
40 *Rixen,* https://verfassungsblog.de/abschied-von-der-verhaltnismasigkeit/.
41 *Bolz,* Die Avantgarde der Angst, S. 159: «Den Weltrettern steht aber die Demokratie im Weg.»
42 *Staab,* Anpassung, S. 178. S. dort auch zu den nachfolgenden Zitaten.
43 *Staab,* ebd., S. 188 f.
44 https://letztegeneration.de/gesellschaftsrat/ (zuletzt abgerufen am 14.10.2023).
45 *Staab,* Anpassung, S. 191.
46 S. zu diesem Eindruck auch *Bolz,* Die Avantgarde der Angst, S. 74.

47 https://www.sinus-institut.de/media-center/presse/klimaschutz-die-jugend-fuehlt-sich-im-stich-gelassen (zuletzt abgerufen am 14.10.2023).
48 https://www.umweltbundesamt.de/sites/default/files/medien/479/publikationen/texte_127-2022_junge_menschen_in_der_klimakrise.pdf (zuletzt abgerufen am 14.10.2023).
49 https://www.bmz.de/de/themen/klimawandel-und-entwicklung/migration-und-klima (zuletzt abgerufen am 14.10.2023).
50 *Augustin,* Public Health Forum 28 (2020), 2 ff.
51 *Wallimann-Hellmer,* Zeitschrift für Praktische Philosophie 4 (2017), 211 ff.
52 Vgl. *Hohl,* Individuelle Verantwortung für kollektiv verursachte Übel, 2017 sowie *Krug,* Journal für Psychologie 28 (2020), 171 ff.
53 *Bolz,* Die Avantgarde der Angst, S. 138: «Wer sich betroffen fühlt, hat [...] kein Interesse an Diskussion.»
54 *Bolz,* ebd., S. 15.
55 Eine Auflistung von Ereignissen findet sich unter https://www.netzwerk-wissenschaftsfreiheit.de/dokumentation/ (zuletzt abgerufen am 7.2.2023), wobei deren Interpretation als ggf. unzulässiger Eingriff in die Wissenschaftsfreiheit für sich genommen im Einzelfall umstritten ist (s. allgemein *Daub,* Cancel Culture Transfer, 2022).
56 https://taz.de/Theodor-W-Adornos-50-Todestag/!5611143/ (zuletzt abgerufen am 14.10.2023).
57 *Revers/Traunmüller,* Köln Z Soziol 72 (2020), 471, 473.
58 https://www.netzwerk-wissenschaftsfreiheit.de/ueber-uns/manifest/ (zuletzt abgerufen am 14.10.2023). S. dort auch zu dem nachfolgenden Zitat.
59 *Gözen,* APuZ 46/2021, 22, 24. S. dort auch zum nachfolgenden Zitat.
60 S. zu diesem und den nachfolgenden Zitaten *Daub,* Cancel Culture Transfer, S. 21 f., 23, 41, 61, 322, 341, 40, 309, 338.
61 *Revers/Traunmüller,* Köln Z Soziol 72 (2020), 471 ff.
62 S. nur *Meier,* Köln Z Soziol 73 (2021), 129 ff. mit Replik *Revers/Traunmüller,* Köln Z Soziol 73 (2021), 137 ff.
63 *Meier,* Köln Z Soziol 73 (2021), 129, 133 (s. dort auch zu den nachfolgenden Zitaten).
64 *Revers/Traunmüller,* Köln Z Soziol 72 (2020), 471, 489.
65 *Flaßpöhler,* Sensibel, S. 179. Auch *Kirchhof,* NJW 2023, 1922, 1926 sieht den Ausgangspunkt von gegenwärtigen Verschlechterungen des Diskursklimas in einer größeren «Achtsamkeit» im Umgang miteinander.
66 *Daub,* Cancel Culture Transfer, S. 112, 205.
67 *Kirchhof,* NJW 2023, 1922, 1927.
68 *Kirchhof,* NJW 2023, 1922, 1926 mit Zitat von *Grau,* NZZ v. 16.5.2023, S. 8.
69 BVerfG NJW 1958, 257, 258.
70 S. zu den nachfolgenden Referenzen *Habermas,* Faktizität und Geltung, 8. Aufl. 1998.

71 S. zum Nachfolgenden *Habermas,* in: Wirklichkeit und Reflexion, hrsg. v. Fahrenbach, 1973.
72 *Alexy,* Theorie der juristischen Argumentation, 10. Aufl. 2022, S. 169.
73 S. zu einer vergleichbaren Debatte über die Grenzen der Privatheit angesichts feministischer Forderungen *Fraser,* Social Text No. 25/26 (1990), 56, 73; *Moon,* Political Theory 19 (1991), 202, 221 sowie *Habermas,* Faktizität und Geltung, S. 381.
74 BVerfG NJW 2010, 47, 50. S. auch den ehemaligen Vizepräsidenten des Bundesverfassungsgerichts *Ferdinand Kirchhof,* NJW 2023, 1922, 1923: «Der Inhalt einer Äußerung spielt keine Rolle, denn es soll gerade deren Vielfalt geschützt werden.»

Vulnerabilität und Freiheit

1 Der weitaus höchste Anteil der Menschen, die eine Suizidbegleitung in Anspruch genommen haben, weist einen akademischen Bildungsabschluss auf, s. Weißbuch Freitodbegleitung 2020/2021, hrsg. v. Deutsche Gesellschaft für Humanes Sterben e. V., S. 145.
2 https://www.presseportal.de/pm/154530/5212220 (zuletzt abgerufen am 14.10.2023).
3 *Papier,* Zeitschrift für Internationales Wirtschaftsrecht 2020, 195, 199.
4 *Kloepfer,* VerwArch 74 (1983), 201, 210.
5 *Winkler,* JA 2014, 881, 881.
6 *Kloepfer,* VerwArch 74 (1983), 201, 210.
7 BVerfG NJW 2012, 1784, 1785 f.
8 BVerfG NJW 2020, 905, 915.
9 *Kaltenstein,* SGb 2016, 365, 372.
10 *Klement,* AöR 134 (2009), 35, 74.
11 *Ruschemeier,* Der additive Grundrechtseingriff, 2019, S. 100.
12 *Bratton,* The Revenge of the Real, 2021, S. 156; *Staab,* Anpassung, S. 188 ff.
13 *Staab,* ebd., S. 198.
14 *Amlinger/Nachtwey,* Gekränkte Freiheit, S. 200.
15 *Papier,* Zeitschrift für Internationales Wirtschaftsrecht 2020, 195 ff.

Register